CHANGEONS DE VOIE

Du même auteur
dans la même collection

La Complexité humaine.
Penser global.
Pour et contre Marx.
Sur la crise.
Vers l'abîme ?

Edgar Morin
avec la collaboration de
Sabah Abouessalam

CHANGEONS DE VOIE

Les leçons du coronavirus

Champs actuel

© Éditions Denoël, 2020.
© Éditions Flammarion, 2021, pour cette édition.
ISBN : 978-2-0802-3609-8

*À tous ceux qui ont risqué leur vie
pour sauver les nôtres.*

*Avec nos vœux à Liouba et à Réda,
qui trouveront leur Voie dans un monde nouveau.*

Préambule

Cent ans de vicissitudes

La grippe espagnole

Je suis une victime de l'épidémie de la grippe espagnole, et du reste j'en suis mort, en fait né-mort, et ranimé par les giflements ininterrompus du gynécologue qui me tint trente minutes suspendu par les pieds.

À vrai dire, j'en suis une victime indirecte. C'est jeune fille que Luna Beressi, qui allait devenir ma mère, avait contracté une lésion au cœur, en 1917 je pense. Une fois mariée, il lui fut interdit d'avoir un enfant, car l'accouchement lui serait mortel. Cet interdit fut caché à son époux Vidal. Quand elle se trouva enceinte, elle consulta une « faiseuse d'anges » clandestine (l'IVG ne sera institué qu'un demi-siècle plus tard) qui lui donna des produits efficacement abortifs, et elle prétexta une

Changeons de voie

fausse couche devant son époux, qui se remit avec ardeur à son devoir conjugal. Enceinte à nouveau, elle eut une nouvelle fois recours à la faiseuse d'anges, qui lui administra les produits abortifs, mais on ne sait pourquoi le fœtus s'accrocha. Très perturbé, il naquit en sortant par le siège, étranglé par son cordon ombilical, le matin du 8 juillet 1921. Le gynécologue avait promis de sauver la mère. Il sauva mère et fils.

Je n'ai aucune mémoire de l'événement, mais j'en garde la marque jusqu'à maintenant par un sentiment d'asphyxie qui me saisit parfois, me donne l'illusion d'étouffer et dont je me délivre par un profond soupir. Quatre-vingt-dix-neuf ans plus tard, c'est le coronavirus, descendant indirect de la grippe espagnole (H1N1), qui vient me proposer le rendez-vous raté à ma naissance.

Comme j'aimerais poursuivre quelques projets et encore connaître quelques bonheurs, j'espère esquiver ce rendez-vous, mais *chi lo sa* ?

Préambule

La crise mondiale de 1929

J'ai neuf ans en 1930. Mes parents ont choisi de s'installer à Rueil, en Île-de-France, dans une villa que mon père a décidé de construire selon les vœux de ma mère – bâtiment en pierre avec terrasse plutôt que toit, grands balcons en fer forgé, murs peints de couleurs douces. Mais ce fut l'année où la crise sévit en France et atteignit le commerce de mon père. Celui-ci perdit beaucoup de ses gains, il n'eut plus les fonds dont il pensait disposer pour la villa, et il se résigna à ce que la construction s'achevât en brique, que la brique remplaçât aussi le fer forgé des balcons, bref il fit terminer une villa que ma mère, quand elle la découvrit, trouva hideuse. Je fus témoin sans bien comprendre des querelles incessantes qu'elle en fit à mon père.

Finalement, nous nous sommes installés à Rueil à la fin du printemps 1931. Ma mère, après y avoir passé quelques semaines, se dépêcha un matin pour ne pas rater le train de banlieue qui la conduisait à Paris. Elle l'attrapa de justesse. Elle s'assit, semblant s'endormir, et ne se réveilla plus. On la trouva morte gare Saint-Lazare, victime de la lésion cardiaque causée par la grippe espagnole,

J'ai dix ans et je vis avec mon père, victime de la grande dépression économique qui ravage le monde. De cette crise économique, je n'ai rien vu, n'ai rien compris, je constatai seulement qu'à partir de ce moment et pendant quelques années mon père fut très soucieux de réduire ses dépenses et suspendit nos vacances annuelles en Savoie.

En somme, en 1921 et en 1931, ma vie a été bouleversée par la grippe espagnole. À partir de 1931, mon esprit s'est formé en subissant la marque des chocs successifs que provoqua la conjonction des effets du traité de Versailles, mettant fin à la Première Guerre mondiale et installant les germes de la Seconde, et de ceux de la crise économique de 1929, qui se poursuivit dans les années 1930 en entraînant des ravages politiques et sociaux.

Le cyclone en formation, 1930-1940

Je n'ai pas souvenir du 30 janvier 1933, où Hitler devint chancelier d'Allemagne. Je ne comprenais

Préambule

encore rien, mais je me rappelle que, à la radio et aux actualités cinématographiques, un petit homme aux cheveux noirs, une mèche sur le front, hurlait des discours hystériques, entrecoupés d'acclamations exaltées de masses humaines en uniformes bruns.

J'ai treize ans quand la politique entre dans ma tête, propulsée en rafale dans ma classe, en février 1934. L'impuissance économique du gouvernement, liée à une corruption dévoilée par des scandales (dont celui de l'affaire Stavisky, prétendument suicidé le 8 janvier 1934), a provoqué un soulèvement antiparlementaire. Le 6 février, les émeutiers marchèrent sur la Chambre des députés et furent stoppés par les tirs de la Garde nationale ; bilan : une quinzaine de morts et deux mille blessés. Très vite, communistes et socialistes s'allièrent dans un front antifasciste, qui devint populaire ; dès lors commença un grand affrontement entre droite et gauche, profascistes et antifascistes.

C'est ainsi qu'en février 1934 le conflit envahit ma classe de cinquième au lycée Rollin. Les enfants des parents de droite et ceux des parents de gauche s'entre-insultaient et parfois en venaient aux mains. Je contemplais cette agitation du haut de mon scepticisme (formé dans la lecture d'Anatole France). Mais j'allais être bientôt embarqué dans l'Histoire.

Changeons de voie

Dès 1933 a commencé une marche implacable vers la guerre, aujourd'hui rétrospectivement évidente, alors subie dans un somnambulisme halluciné par les peuples et les gouvernements. En 1933, l'Allemagne hitlérienne quitta la Société des Nations et commença à réarmer. En octobre 1935, l'Italie fasciste envahit l'Éthiopie. En mai 1936, ce fut la victoire du Front populaire en France. En juin 1936, le début de la guerre d'Espagne. En 1937, le Japon envahit la Chine. Les 29 et 30 septembre 1938 furent signés les accords de Munich, où les Anglo-Français livrèrent les monts Sudètes de Tchécoslovaquie à l'Allemagne.

À partir de 1938, tout se précipita, jusqu'au 23 août 1939, date à laquelle fut signé l'incroyable et stupéfiant pacte germano-soviétique. Puis la guerre et la capitulation française advinrent le 22 juin 1940.

En fait, la décennie 1930-1940 fut une période où, de même qu'une dépression atmosphérique se transforme progressivement en cyclone dévastateur, de même une énorme dépression économico-politique se transforme en formidable cyclone, jusqu'à l'extrême barbarie d'une guerre devenant mondiale en 1941. Ces événements bouleversants m'ont transformé et formé. Tout y était en ques-

Préambule

tion, tout était problème : démocratie, capitalisme, fascisme, antifascisme, communisme stalinien, communisme antistalinien (trotskisme), réforme, révolution, nationalisme, internationalisme, troisième voie, guerre et paix, vérité/erreur.

Une adolescence vécue à se demander : Que penser ? Que faire ?

Finalement, en 1938, je me ralliai au petit Parti frontiste qui prescrivait la lutte sur deux fronts – contre le stalinisme et l'hitlérisme – et s'opposait à la guerre. En même temps, encouragé à lire Marx par mon ami Delboy, je découvris que toute politique doit se fonder sur une conception de l'homme, de la société et de l'histoire. Je m'engageai dans ce sens en m'inscrivant à l'université en histoire, sociologie, philosophie, science économique, sciences politiques. Cette recherche ne m'a pas quitté et elle est le ferment de toute mon œuvre.

La Seconde Guerre mondiale

Tout fut inattendu : la résistance finalement victorieuse de l'aviation britannique aux attaques

Changeons de voie

massives de la Luftwaffe sur l'Angleterre en 1940 ; le déclenchement en juin 1941 de l'offensive allemande contre son allié soviétique ; l'effondrement en quelques mois des armées soviétiques, la quasi-conquête de la Russie d'Europe, l'arrivée aux portes de Moscou ; la résistance de Moscou et la première victoire soviétique de décembre 1941 ; parallèlement, l'attaque surprise de l'aviation japonaise sur Pearl Harbor, déclenchant l'entrée des États-Unis dans une guerre devenant mondiale. La résistance de Stalingrad durant six mois et la capitulation du maréchal von Paulus en janvier 1943.

Puis la victoire devint probable avec l'avancée irrésistible des troupes soviétiques libérant l'URSS et le débarquement anglo-américain en Normandie. L'Allemagne semblait devoir s'effondrer au début de l'automne 1944. Mais l'offensive de von Rundstedt dans les Ardennes de décembre 1944 fut inattendue, ainsi que la résistance acharnée de l'Allemagne jusqu'en mai 1945.

Ce gigantesque tourbillon historique, commencé en 1930, a brassé les esprits en tous sens. Des nationalistes sont devenus collaborationnistes. D'autres sont devenus communistes. Les communistes furieusement antihitlériens ont cessé de l'être pour devenir antibritanniques puis sont redevenus

Préambule

antihitlériens à partir de juin 1941. Des socialistes sont devenus fascistes. Des pacifistes comme moi sont devenus résistants. D'autres ont glissé vers la collaboration. Des pétainistes sont devenus gaullistes tandis qu'une bonne partie des Français étaient pétaino-gaullistes. Dans ce tourbillon, la Résistance a suscité des idées politiques et sociales régénératrices qui ont pris corps dans le programme du CNR, que l'on exhume aujourd'hui, en pleine crise issue du coronavirus.

En France, sous l'Occupation, nous avons pu suivre les batailles par la radio anglaise avec passion, angoisse, enthousiasme. Nous les avons vécues par procuration et ceux qui se sont engagés dans la Résistance ont eu le sentiment de participer à un combat contre la barbarie pour le salut du genre humain (occultant les barbaries de notre propre camp).

En ce qui me concerne, la guerre m'a transformé en communiste alors que toute ma culture antérieure m'avait donné pleine connaissance des vices et des mensonges staliniens. J'ai dû faire une conversion intellectuelle, que je pensais rationnelle, en fait mystico-religieuse, pour adhérer au nouveau messianisme qui promettait l'émancipation de l'humanité. Cela dit, ma Résistance fut antinazie et jamais antiallemande, bien que la propagande de guerre du parti fût antiboche. De plus, tout en étant communiste je militais dans un mouvement de Résistance gaulliste, et tout en étant lié par un cordon ombilical au parti je demeurais autonome. J'eus une ferveur de quelques années qui disparut puis se transforma en son contraire dans les trois années où s'imposa la seconde glaciation stalinienne. Et alors, comme mon esprit avait dérivé sous le cours violent des événements, je tirai la leçon dans mon livre *Autocritique* de me sauvegarder de toutes dérives, de maintenir en moi la vigilance critique et autocritique, de réviser mes idées quand surviennent de nouvelles expériences historiques. Mais la leçon principale de la guerre fut de résistance. Je suis très heureux d'avoir pris à l'époque le risque majeur en m'engageant dans la Résistance.

J'ai dû par la suite être amené à résister de nouvelles façons. Il y eut la guerre d'Algérie, de 1954 à 1962, où je pris le parti du droit de l'Algérie à l'indépendance sans soutenir le FLN et tout en défendant l'honneur du premier résistant algérien calomnié par le FLN, Messali Hadj. Puis après l'écrasement de la révolution hongroise de novembre 1956, je suis devenu ennemi irréductible du mensonge et de l'oppression du système stalinien.

Préambule

La grande crise intellectuelle des années 1956-1958

En 1956 survint un événement stupéfiant : le rapport de Nikita Khrouchtchev, devenu secrétaire général du parti communiste soviétique, dénonça les crimes du quasi-divinisé Staline. Une révolte populaire et une révolution s'ensuivirent en Pologne et en Hongrie alors soumises à l'URSS. La révolution hongroise fut écrasée dans le sang. Simultanément, une guerre entre Israël et l'Égypte suscita une intervention armée anglo-française à Suez, stoppée par semonce conjointe des États-Unis et de l'URSS. En mai 1958, en pleine guerre d'Algérie, un putsch de généraux renversa la IVᵉ République et conduisit à l'accession de De Gaulle au pouvoir. Tous ces événements affectèrent les convictions les plus ancrées dans les esprits de gauche sur l'URSS, le communisme, la démocratie. Comme avec quelques amis nous avions fondé en 1957 *Arguments,* une revue d'interrogations et de débats que je dirigeais, je m'engageai dans une grande repensée de mes idées. Stimulé par la réflexion avec des groupes de discussion puis par des expériences en Californie, j'ai affronté le problème clé des fondements de notre mode de connaissance et de la recherche d'une pensée qui puisse répondre aux défis de la complexité du monde, notamment humain. Réflexion que je mènerai durant les trente ans de gestation de *La Méthode*.

Mai 68

L'explosion étudiante de Mai 68 en France était à la fois prévisible et inattendue. Prévisible parce que des révoltes étudiantes avaient surgi dans de nombreux pays et je me souviens avoir fait en mars 1968 une conférence à Milan sur l'internationalité de ces révoltes. De plus, ce même mois, j'avais été soudainement plongé dans une agitation à l'université de Nanterre, où je me rendais pour remplacer le cours de Henri Lefebvre, invité en Chine. J'étais donc en alerte quand la rébellion passa de Nanterre à la Sorbonne et je pus suivre et traiter à chaud dans *Le Monde* les événements. Je vis dans ces révoltes une aspiration à la « vraie vie », je vis aussi que cette aspiration fut captée par trotskistes et maoïstes. Ma sympathie pour la fraternisation juvénile éclipsa

Préambule

en mon esprit les intolérances et le « CRS SS » des révoltés. L'imprévu fut que la France fut le seul pays où une révolte étudiante entraîna dans une grève générale tout le monde des travailleurs. Il y eut donc pénurie d'essence, paralysie des transports, avions compris, difficultés de ravitaillement, ce qui retourna une opinion d'abord favorable aux étudiants en un quasi-plébiscite gaulliste aux élections. Mai 68 confirma mon idée que l'adolescence (laquelle se poursuit socialement chez les étudiants jusqu'à ce qu'ils s'intègrent dans le monde adulte) constituait depuis le yéyé des années 1960 une classe biosociale dotée d'une relative autonomie, ayant ses mœurs et son langage propres, aspirant à cette autre vie et autre société que lui promettaient les révolutionnaires.

Mais alors que certains ont pu croire que la Révolution faisait sa répétition générale, les autres que l'économie était frappée à mort par la révolte, je diagnostiquai, avec mes amis Lefort et Castoriadis, une brèche dans la ligne de flottaison de notre civilisation. En fait, l'économie redémarra comme sous un coup de fouet, les dites « Trente Glorieuses » reprirent leur cours. Ce qui s'était passé semblait énorme et insignifiant. Il y eut une grande et longue queue de comète avec une poussée accélératrice dans le long et lent processus d'émancipation féminine, une certaine libéralisation des mœurs, une compréhension des homosexualités. Puis l'importance de Mai 68 se réduisit avec le temps.

C'est peu d'années plus tard que se produisit un événement qui passa inaperçu, qui fut d'importance énorme, et qui commence à peine à révolutionner nos vies, nos sociétés, notre monde : le rapport Meadows.

La crise écologique

Le professeur Meadows, enseignant au MIT, publia en 1972 un rapport[1] dévoilant les dégradations de plus en plus amples et rapides du milieu naturel, non seulement locales (lacs, rivières, villes) mais, désormais, globales (océan, planète). Ce document de science écologique fut la catalyse qui donna naissance à la conscience écologique : la dégradation

---

1. Donella Meadows, Dennis Meadows, Jørgen Randers et William W. Behrens III, *Les Limites à la croissance (dans un monde fini)*, Rapport au Club de Rome, 1972.

Préambule

de la biosphère produit la dégradation de l'anthroposphère, affectant les nourritures, les ressources, la santé et le psychisme des êtres humains. J'avais pu prendre conscience écologique en Californie en 1969-1970, notamment en lisant un article prophétique d'Erlich sur la mort de l'océan, mais ce fut le rapport Meadows qui m'éclaira et fit de moi un des pionniers d'une politique écologique. Une telle politique ne se borne pas à sauvegarder les milieux naturels, elle tend aussi à sauvegarder les milieux humains, et pour cela il nous faut transformer nos pensées, nos mœurs, notre civilisation, dans le sens où ce livre définit l'écopolitique et la politique de civilisation.

Ce que je veux noter ici, c'est l'extrême lenteur de la prise de conscience écologique, son incomplétude cinquante ans plus tard, et l'indigence de l'action politique et économique pour éviter les désastres corrélativement humains et naturels. Cela est dû à une culture où la Bible, les Évangiles, la philosophie, les sciences humaines ont disjoint radicalement nature et culture, homme et animal. Cela est dû conjointement aux énormes intérêts économiques, voués aux bénéfices immédiats, qui soit occultent le problème, soit le nient. Les catastrophes nucléaires de Tchernobyl ou de Fukushima secouent quelque temps une opinion qui, droguée par l'immédiat, se rendort. L'alerte au réchauffement climatique a pu enfin mobiliser une partie de la jeunesse de différents pays, qui a trouvé une Jeanne d'Arc dans l'adolescente Greta Thunberg. La crise de la pandémie donne à nouveau quelque sève à la conscience écologique. Peut-être faudra-t-il attendre de se trouver au bord de l'abîme pour déclencher le réflexe de salut vital.

Je me suis voué à cette cause depuis un demi-siècle. Mais je l'insère dans une conception plus globale où la politique intègre l'écologie qui intègre la politique. Dans cette conception, le déchaînement techno-économique mondial animé par une soif insatiable de profit est le moteur de la dégradation de la biosphère et de celle de l'anthroposphère.

Cela me ramène à mes résistances.

Résistance sur deux fronts

Ainsi, je me suis progressivement voué à une résistance intellectuelle et politique contre les deux barbaries qui de plus en plus menacent l'humanité, la vieille barbarie venue du fond des âges de la domi-

Préambule

nation, de l'asservissement, de la haine, du mépris, et qui déferle de plus en plus dans les xénophobies, racismes se généralisant en guerres au Moyen-Orient et en Afrique, et la barbarie froide et glacée du calcul et du profit, qui elle-même prend les commandes dans une grande partie du monde. C'est dans cette résistance que j'ai développé des idées formulées à partir des années 80 du siècle dernier, exposées dans livres, articles et conférences – idées qu'actualise la mégacrise actuelle.

Cette crise ouverte par la pandémie m'a grandement surpris, mais elle n'a pas surpris ma façon de penser, elle l'a plutôt confirmée. Car finalement je suis l'enfant de toutes les crises que mes quatre-vingt-dix-neuf ans ont vécues. Le lecteur peut comprendre maintenant que je trouve normal de m'attendre à l'inattendu, de prévoir que l'imprévisible peut advenir. Il comprendra que je craigne les régressions, que je m'inquiète des déferlements de barbarie et que je détecte la possibilité de cataclysmes historiques. Il comprendra aussi pourquoi je n'ai pas perdu toute espérance. Il comprendra donc que je veuille éveiller, réveiller les consciences en consacrant mes ultimes énergies à ce livre.

INTRODUCTION

Un minuscule virus apparu soudain dans une très lointaine ville de Chine a créé un cataclysme mondial. Il a paralysé la vie économique et sociale dans plus d'une centaine de pays et engendré une catastrophe sanitaire dont le bilan national et mondial est aussi sombre qu'alarmant : plusieurs milliards de personnes confinées, soit près la moitié de la population mondiale, et 5 millions de malades fin mai 2020[1].

Certes il y eut bien des pandémies dans l'histoire. Certes, l'unification bactérienne du globe s'est opérée dès la conquête des Amériques, mais la nouveauté radicale du Covid-19 tient à ce qu'il est à l'origine d'une mégacrise, faite de la combinaison

---

1. NdE : les constats et les chiffres exposés dans cet ouvrage datent du printemps 2020.

de crises politiques, économiques, sociales, écologiques, nationales, planétaires s'entretenant les unes les autres, aux composantes, interactions et indéterminations multiples et liées entre elles, c'est-à-dire complexes dans le sens originel du mot *complexus*, « ce qui est tissé ensemble ».

La première révélation foudroyante de cette crise inédite est que tout ce qui semblait séparé est inséparable.

La crise générale et géante issue du coronavirus doit être vue aussi comme un symptôme virulent d'une crise plus profonde et générale du grand paradigme d'Occident devenu mondial, celui de la modernité, née au XVIe siècle européen – la notion de paradigme signifiant principe d'organisation de la pensée, de l'action, de la société, bref de tous les domaines de ce qui est humain. Je suis de ceux qui pensent que Mai 68, la dégradation de notre biosphère, la crise de civilisation, les antinomies de la mondialisation sont des crises du paradigme-roi ; je pense également que la gestation d'un nouveau paradigme se fait dans la douleur et le chaos, sans pourtant qu'on soit certain qu'il puisse émerger et s'imposer.

Introduction

Un changement de paradigme est un processus long, difficile, chaotique se heurtant aux énormes résistances des structures établies et des mentalités. Il s'effectue en un long travail historique à la fois inconscient, subconscient et conscient. La conscience peut contribuer à l'avancée du travail subconscient et inconscient. C'est ce que nous croyons et ce à quoi nous voulons prendre part.

Jamais nous n'avons été aussi enfermés physiquement dans le confinement et jamais autant ouverts sur le destin terrestre. Nous sommes condamnés à réfléchir sur nos vies, sur notre relation au monde et sur le monde lui-même.

L'après-coronavirus est tout aussi inquiétant que la crise elle-même. Il pourrait être aussi apocalyptique que porteur d'espoir. Beaucoup partagent la certitude que le monde de demain ne sera plus celui d'hier. Mais quel sera-t-il ? La crise sanitaire, économique, politique et sociale conduira-t-elle à la dislocation de nos sociétés ? Saurons-nous tirer les leçons de cette pandémie qui a révélé une communauté de destin à tous les humains, en lien avec le destin bioécologique de la planète ? Nous voici entrés dans l'ère des incertitudes.

Changeons de voie

L'avenir imprévisible est en gestation aujourd'hui. Souhaitons que ce soit pour une régénération de la politique, pour une protection de la planète et pour une humanisation de la société : il est temps de changer de Voie.

Chapitre i
Les 15 leçons du coronavirus

1. Leçon sur nos existences

« Comment vis-tu ? » Telle était la question que je me posais à moi-même et à autrui dans le film-document *Chronique d'un été* coréalisé avec Jean Rouch en 1960. Cette question, plus actuelle que jamais, est devenue cuisante dans le confinement.

L'expérience du confinement doit d'abord nous ouvrir sur l'existence de ceux qui en souffrent dans le dénuement et la pauvreté, qui n'ont pu accéder au superflu et au frivole et qui méritent de parvenir au stade où l'on dispose du superflu.

Les contraintes du confinement ont poussé chacun à s'interroger sur son mode de vie, ses vrais besoins, ses aspirations, qui sont réprimées chez ceux qui subissent le métro-boulot-dodo, oubliées chez ceux qui jouissent d'une vie moins asservie, et généralement masquées par les aliénations du quotidien ou refoulées dans le « divertissement » pascalien, qui nous détourne des vrais problèmes de notre condition humaine[1].

Le confinement doit surtout ouvrir sur l'essentiel de l'existence, aussi bien les infortunés captifs de leurs servitudes que les fortunés captifs de l'immédiat, du secondaire et du futile : l'amour et l'amitié pour notre épanouissement individuel, la communauté et la solidarité de nos Je dans des Nous, le destin de l'humanité dont chacun de nous est une particule.

2. Leçon sur la condition humaine

Avant les années 1970 et le rapport Meadows sur la dégradation de la biosphère terrestre, l'homme

---

1. Mais, à la différence de Pascal, nous devons faire la distinction entre ce divertissement qui nous détourne de l'essentiel pour le frivole et le bonheur que nous trouvons à la lecture, l'écoute ou la vision des chefs-d'œuvre qui nous ont tant aidés à traverser l'enfermement et nous font regarder en face notre destin humain.

croyait avoir dominé la nature. Avant les années 1980 et l'irruption du sida, la science pensait avoir éliminé virus et bactéries ; avant 2008, les économistes officiels assuraient que toute crise était exclue ; avant 2020, l'humanité avait relégué les grandes épidémies au Moyen Âge.

Notre fragilité était oubliée, notre précarité était occultée. Le mythe occidental de l'homme dont le destin est de devenir « comme maître et possesseur de la Nature » s'est effondré devant un virus. Ce mythe était déjà touché en son cœur par la conscience écologique, qui a su démontrer depuis quelques décennies que plus nous devenons maîtres de la biosphère, plus nous en devenons dépendants ; plus nous la dégradons, plus nous dégradons nos vies.

Pourtant, la conviction que le progrès techno-économique constitue à lui seul le Progrès humain et que la libre concurrence et la croissance économique sont les conditions maîtresses du mieux-être social continue à conduire le monde occidental et suscite même le délire euphorique du transhumanisme. Celui-ci prédit que l'homme accédera à l'immortalité et contrôlera toutes choses par l'intelligence artificielle. Cette promesse porte au paroxysme le

Changeons de voie

mythe de la nécessité historique du progrès et celui de la maîtrise par l'homme non seulement de la nature, mais aussi de son destin.

Or l'extrême puissance de la technoscience n'abolit pas l'infirmité humaine devant la douleur et devant la mort. Si nous pouvons atténuer la douleur et retarder la mort par vieillissement, nous ne pourrons jamais éliminer les accidents mortels où nos corps seront écrabouillés ; nous ne pourrons jamais nous défaire des bactéries et des virus qui sans cesse s'automodifient pour résister aux remèdes, antibiotiques, antiviraux, vaccins. Nous sommes des joueurs/joués, des possédants/possédés, des puissants/débiles.

Nous devons prendre conscience du paradoxe qui fait que l'accroissement de notre puissance va de pair avec l'accroissement de notre débilité. Comme l'a écrit Pascal : « Il est dangereux de trop faire voir à l'homme combien il est égal aux bêtes, sans lui montrer sa grandeur, et il est encore dangereux de lui trop faire voir sa grandeur sans sa bassesse. Il est encore plus dangereux de lui laisser ignorer l'un et l'autre[1]. »

---

1. « Car enfin qu'est-ce que l'homme dans la nature ? Un néant à l'égard de l'infini, un tout à l'égard du néant, un milieu entre rien

Et comment ne pas nous poser la question qui n'a aucune place dans nos programmes d'enseignement et qui concerne chacun d'entre nous : qu'est-ce qu'être humain[1] ?

3. Leçon sur l'incertitude de nos vies

L'épidémie et ses conséquences nous ont apporté depuis plusieurs mois un festival d'incertitudes qui durera encore. Ces incertitudes portent sur l'origine du virus, sur sa propagation très inégale, sur ses mutations, sur les traitements, sur la bonne méthode pour se prémunir contre lui (confinement, dépistage massif, port du masque, traçage, vaccin), sur sa disparition éventuelle ou sa régression à l'état endémique, sur ses suites politiques, économiques, sociales, nationales, planétaires.

---

et tout. Infiniment éloigné de comprendre les extrêmes, la fin des choses et leur principe sont pour lui invinciblement cachés dans un secret impénétrable, également incapable de voir le néant d'où il est tiré, et l'infini où il est englouti. » Pascal, « Les deux infinis », *Pensées,* 1669.

1. Voir à ce sujet mon livre *La Méthode. L'Identité humaine* (tome V), Seuil, 2001.

Changeons de voie

Cela nous incite à reconnaître que, même cachée et refoulée, l'incertitude accompagne la grande aventure de l'humanité, chaque histoire nationale, chaque vie « normale ». Car toute vie est une aventure incertaine : nous ne savons pas à l'avance ce que seront notre vie personnelle, notre santé, notre activité professionnelle, nos amours, ni quand adviendra, bien qu'elle soit certaine, notre mort. Nous connaîtrons sans doute, avec le virus et les crises qui suivront, plus d'incertitudes qu'auparavant et nous devons nous aguerrir pour apprendre à vivre avec[1].

4. Leçon sur notre rapport à la mort

La modernité laïque avait refoulé à l'extrême le spectre de la mort, que seule la foi des chrétiens en la résurrection exorcisait. En France comme en Europe occidentale, soixante-quinze ans de paix et d'accroissement de durée de la vie avaient occulté une mort qui ne réapparaissait que pour un temps dans les familles endeuillées.

---

1. Edgar Morin, *Les Sept Savoirs nécessaires à l'éducation du futur*, Unesco-Seuil, 2000.

Les 15 leçons du coronavirus

Soudain le coronavirus a suscité l'irruption de la mort personnelle, jusqu'alors reportée au futur, dans l'immédiat de la vie quotidienne. La science biologique et l'art médical, en dépit de leur arsenal de remèdes et de vaccins, se sont trouvés désarmés face au mystérieux virus mortifère.

Tous les jours, nous avons compté les morts, ce qui a entretenu voire accru la crainte de son immédiateté, alors que le taux de mortalité du coronavirus reste faible.

Le confinement a tragiquement laissé seuls les agonisants intubés ou sous machine respiratoire, sans main aimante pour prendre la leur. Il a laissé les conjoints, les parents, les enfants loin des derniers jours de l'être aimé. Le confinement a empêché la cérémonie de funérailles et obligé à des enterrements à la sauvette.

Ce vide nous rappelle cruellement que la mort d'un être aimé nécessite son accompagnement jusqu'à l'enterrement ou la crémation. Les survivants ont besoin de partager leur douleur dans une communion. Il leur faut des rites d'adieu et une cérémonie collective comportant le repas de funérailles. Le défaut de cérémonie consolatrice a fait ressentir, y compris au laïc que je suis, le besoin de rituels qui font intensément revivre en nos esprits la personne morte et atténuent la douleur dans une sorte d'eucharistie[1].

5. Leçon sur notre civilisation

Notre civilisation nous engage à une vie extravertie, tournée vers le dehors et l'extérieur, les transports, le travail, les apéros, les restaurants, les rendez-vous, les voyages. Nous nous arrêtons devant les vitrines de fringues pour les uns, de victuailles pour les autres, circulant appâtés dans les grands magasins et les immenses surfaces, attirés par un rabais, séduits par une parure, une gourmandise ou un gadget. La publicité, présente sur les murs des villes, des stations de métro, lors des séances de cinéma, des émissions de télévision et jusque sur les vidéos YouTube, déclenche une pulsion d'achat, un rêve de voiture, de croisière, d'île tropicale.

Le confinement nous a brutalement reclus à l'intérieur de notre logis, et parfois poussés à l'intérieur de nous-mêmes.

---

1. J'ai proposé une réforme des funérailles laïques dans *La Voie,* Fayard, 2011.

Pour tous ceux qui ne sont pas réduits à la pauvreté, les contraintes du confinement, en diminuant nos achats à l'indispensable, nous ont montré que beaucoup de superflu nous avait semblé nécessaire. Ne pouvant plus obéir aux pulsions d'achat, nous avons pu percevoir l'intoxication consumériste qu'a favorisée notre civilisation. En réformant de force notre mode de consommation, nous avons naturellement préféré l'essentiel à l'inutile, la qualité à la quantité, le durable au jetable.

Ce qui nous invite à réfléchir sur une civilisation qui incite en permanence à la consommation sans discrimination.

6. Leçon sur le réveil des solidarités

Les solidarités multiples apparues dans l'épreuve générale ont révélé les carences de solidarité en situation dite « normale » – carences suscitées par le développement même de notre civilisation, qui réduit à l'extrême les solidarités sous l'effet d'un individualisme de plus en plus égoïste joint à l'effet d'une compartimentation sociale toujours plus fractionnée. En fait, les solidarités étaient endormies en chacun et se sont réveillées dans l'épreuve vécue en commun.

Nous avons vu, pour combler la carence des pouvoirs publics, un foisonnement d'actes et d'imaginations solidaires : productions alternatives au manque de masques par entreprise reconvertie, confection artisanale ou domestique, regroupement de producteurs locaux, livraisons gratuites à domicile, entraides mutuelles entre voisins, repas gratuits aux sans-abri, garde des enfants, contacts maintenus dans les pires conditions entre les professeurs et leurs élèves.

Nous avons vu la résurrection, ne serait-ce que symbolique, de la solidarité nationale, quand l'Italie chantait l'hymne national aux balcons, quand la France, la Belgique, l'Espagne et tant d'autres pays applaudissaient leurs soignants chaque soir. Et dans les pays du Sud notamment, où la solidarité traditionnelle est encore vivante, celle-ci s'est amplifiée par la multiplication des entraides et secours mutuels.

La crise a également stimulé d'innombrables esprits, qui ont cherché et formulé les remèdes aux maux qu'elle a provoqués ou exacerbés. Textes d'intellectuels, de scientifiques, de médecins, déclarations, suggestions, appels d'artistes solidaires, et aussi réflexions et propositions de citoyennes et de citoyens se sont multipliés pour diagnostiquer, pronostiquer, ainsi que pour exposer les bases d'une nouvelle politique afin de réformer, voire transformer, la société.

7. Leçon sur l'inégalité sociale dans le confinement

Le confinement a été un miroir grossissant des inégalités sociales : la pandémie a accentué dramatiquement les inégalités socio-spatiales. Tout le monde n'a pas de résidence secondaire pour fuir la ville. Certaines conditions de logements exigus pour familles avec enfants ont rendu le confinement invivable, sans parler des SDF, des réfugiés appelés migrants ou des immigrés, pour qui ce confinement a été une double peine.

Il a révélé les tristes conditions de certains solitaires, veufs, veuves, femmes abandonnées, vieillards et jeunes désargentés.

Il a montré aussi que les derniers de cordée, éboueurs, manutentionnaires, chauffeurs routiers, caissiers ou standardistes, étaient plus vitalement nécessaires que les champions du Cac 40 (dont une toute petite minorité a fait montre d'une certaine solidarité). Alors que des jeunes de banlieue, des restaurateurs, des ménagères préparaient des repas gratuits pour les démunis, les premiers de cordée attendaient le plus souvent sur leurs sommets le moment de tirer à nouveau la corde à eux.

Or les métiers qui ont été les plus exposés à l'infection et à la mort, ceux qui ont été plus vitalement indispensables à tous, sont en même temps, pour la plupart, totalement sous-estimés, pour ne pas dire parfois méprisés, et ils subissent les plus bas salaires. Rendons justice aux infirmiers, aux éboueurs, aux livreurs, aux maraîchers, aux petits agriculteurs, aux agents de sécurité, aux policiers de protection. Rendons aussi justice aux médecins hospitaliers, aux enseignants et éducateurs qui, sans discontinuer, au feu de la crise, se sont révélés non plus fonctionnaires ou professionnels, mais missionnaires.

Il importe que désormais les professions dévalorisées jouissent d'une pleine reconnaissance sociale, que les professions vouées à autrui, médecins et enseignants, soient authentifiées dans la grandeur de leur mission, à laquelle elles se sont élevées durant la crise et où elles devraient se maintenir.

Enfin, relevons l'inégalité que subissent les femmes, particulièrement présentes dans la santé et l'éducation, dont les rémunérations sont inférieures de 24 % à celles des hommes. Nous y reviendrons au chapitre 3.

8. Leçon sur la diversité des situations et de la gestion de l'épidémie dans le monde

L'épidémie a frappé très inégalement le monde. Bien que tout évolue encore quand nous écrivons, certaines régions dans les pays infectés et certains pays semblent relativement épargnés, comme l'Islande ou quelques pays africains – peut-être leur faible densité démographique constitue-t-elle une protection. D'autres au contraire subissent de terribles vagues de contamination et de mort, comme en premier lieu le Brésil, qui vit une tragédie avec aux commandes un président irresponsable, le Pérou, les États-Unis, le Mexique. À Lima, capitale du Pérou, l'arrêt du ravitaillement alimentaire a conduit des centaines de milliers de ruraux, installés en ville pour le travail, à rentrer à pied, faute de transports, dans leurs villages souvent à des centaines de kilomètres.

De même les mesures sanitaires, très diverses, ont été d'une efficacité très inégale. Dans les pays du Sud, l'état de pénurie latent a toujours aiguisé l'inventivité. L'urgence sanitaire a suscité une intense créativité. Elle a aussi stimulé l'entraide et le secours aux plus pauvres par des distributions massives de nourriture.

La France ainsi que certains autres pays occidentaux se sont révélés impréparés et défaillants quand des pays d'Extrême-Orient (Viêt Nam, Corée du Sud) ou d'Afrique du Nord (Maroc) ont fait face plus efficacement. Au Maroc, sous l'impulsion énergique de l'État, un fonds de solidarité de trois milliards d'euros a été constitué dès le début de la crise par des dons d'entreprises et de particuliers. De ce fait et en un temps record, le nombre de lits de réanimation a été doublé, des hôtels, des cliniques privées ont été mis à la disposition des malades du Covid-19. Au cœur de la pénurie mondiale de masques, les entreprises de textile marocaines ont été réquisitionnées et converties pour fabriquer des masques. Dernièrement, le Maroc a fabriqué 6 millions de masques par jour et il en a livré à ses voisins européens. L'inventivité des industriels et des scientifiques a aussi pu mettre en place des masques détecteurs de Covid, et fabriqué en pleine crise de la pandémie des respirateurs pour sauver les malades.

9. Leçon sur la nature d'une crise

Une crise[1], au-delà de l'ébranlement et de l'incertitude qu'elle suscite, se manifeste par la défaillance des régulations d'un système qui, pour maintenir sa stabilité, inhibe ou refoule les déviances (feed-back négatif). Pendant la crise, ces déviances, qui cessent d'être refoulées et se propagent (feed-back positif), deviennent des tendances actives qui, si elles se développent, menacent de dérégler et de bloquer le système en crise. Dans les systèmes vivants et surtout sociaux, le développement vainqueur des déviances va conduire à des transformations, régressives ou progressives, voire à une révolution. Ainsi la crise de 1929 a amené au pouvoir dans la démocratie allemande un petit parti totalement marginal depuis sa création en 1920, dont la déviance est devenue

1. Edgar Morin, *Sur la crise*, Champs Flammarion, 2020.

Changeons de voie

une force historique terrifiante. À l'inverse, la crise du totalitarisme communiste en Tchécoslovaquie a porté au pouvoir en 1989 un intellectuel dissident longtemps emprisonné, Václav Havel.

La crise dans une société ruine des certitudes et provoque la contestation de l'incontestable ; elle suscite dès lors deux processus contradictoires. Le premier stimule l'imagination et la créativité dans la recherche de solutions nouvelles. Le second est soit la recherche du retour à une stabilité passée, soit l'adhésion à un salut providentiel. Les angoisses provoquées par la crise suscitent la recherche et la dénonciation d'un coupable. Ce coupable peut avoir fait les erreurs qui ont provoqué la crise ; il peut aussi être un coupable imaginaire, bouc émissaire qui doit être éliminé. Tous ces aspects sont présents dans la crise que nous vivons. Les initiatives pour une nouvelle politique se multiplient et s'amplifient tandis que de puissants lobbies interviennent auprès du gouvernement et des médias pour le retour à l'ordre antérieur.

10. Leçon sur la science et sur la médecine

La science a été légitimement convoquée par le pouvoir pour lutter contre l'épidémie. Or les citoyens, d'abord rassurés, ont été confrontés, surtout à l'occasion du remède inattendu du professeur Raoult[1], à des avis médicaux différents et même contraires. Des citoyens mieux informés ont aussi découvert que certains grands scientifiques entretenaient des relations d'intérêts avec l'industrie pharmaceutique, dont les lobbies sont puissants auprès des ministères et des médias.

C'est l'occasion de comprendre que la science n'est pas un répertoire de vérités absolues (à la différence de la religion). Ses théories sont biodégradables sous l'effet de découvertes nouvelles. C'est que les controverses, loin d'être des anomalies, sont nécessaires aux progrès des sciences. (Toutefois, la virulence de la polémique et les attaques *ad hominem* dépassent la controverse scientifique, comme si de puissants intérêts personnels ou financiers étaient en jeu.)

---

1. L'administration de la chloroquine en plus d'un antibiotique pour traiter les malades du Covid-19.

Changeons de voie

Le progrès scientifique est en général produit par, à la fois, compétition et coopération. Mais la compétition peut se dégrader en concurrence, comme pour la recherche du traitement ou du vaccin, au détriment de la coopération, qui elle permettrait d'accélérer l'élimination du virus.

Par ailleurs, la science est ravagée par l'hyperspécialisation, qui entraîne la compartimentation des savoirs spécialisés au détriment d'une médecine systémique comme celle pratiquée par le professeur Auffray, qui réunit les apports des disciplines séparées dans une conception d'ensemble, où l'esprit n'est plus séparé du corps, la personne n'est plus séparée de son milieu de vie. De plus, la suprématie des spécialistes sur les généralistes est préjudiciable à l'établissement de synthèses. Nous avons vu dans cette crise les médecins généralistes privés du droit de prescrire des remèdes autres que le paracétamol à leurs patients infectés par le Covid-19.

Autres signes de la regrettable compartimentation des savoirs : tout produit qui ne serait pas élaboré par l'industrie pharmaceutique est dédaigné a priori. La médecine occidentale a ainsi rejeté des thérapeutiques asiatiques ou africaines comme l'*Artemisia*, employée avec succès contre le paludisme, et qui est utilisée à Magadascar contre le virus. L'OMS a reconnu l'utilité d'expérimenter dans ce sens, alors que notre médecine n'a pas manifesté d'intérêt quant à l'éventuelle action de cette plante sur le coronavirus.

Le souci de prévention, qui a inspiré des techniques (confinement, gestes barrières, lavage de mains), a négligé de conseiller les pratiques d'hygiène alimentaire aptes à renforcer les résistances des organismes.

La science est aussi freinée dans son dynamisme par la formation en son sein de mandarinats devenant conservateurs et myopes face à la découverte ou à l'invention créatrice, et ce sont des déviants, depuis Copernic, en passant par Darwin, Pasteur, Einstein, Crick et Watson, qui font progresser les sciences.

En matière de médecine, en dépit de l'urgence vitale et massive, bien des laboratoires préfèrent garder le secret sur leurs travaux, et ce sont surtout des chercheurs indépendants qui ont établi dès le début de l'épidémie une coopération féconde.

11. Une crise de l'intelligence

Les complexités invisibles

Les carences de pensée que nous avons notées dans les précédentes leçons nous révèlent l'énorme trou noir dans notre esprit, qui nous rend invisibles les complexités du réel. Ce trou noir nous révèle en même temps (et une fois de plus) les faiblesses du mode de connaissance qui nous a été inculqué : celui-ci nous fait disjoindre ce qui est inséparable et réduire à un seul élément ce qui forme un tout à la fois un et multiple ; il sépare et compartimente les savoirs au lieu de les relier ; il se borne à prévoir le probable alors que surgit sans cesse l'inattendu. Il est inadéquat pour appréhender les complexités. C'est ainsi qu'ont été compartimentés le sanitaire, l'économique, l'écologique, le national, le mondial. C'est ainsi que l'inattendu a pris de court États et gouvernements.

Ajoutons que la conception techno-économique prédominante privilégie le calcul comme mode de connaissance des réalités humaines (taux de croissance, PIB, sondages, etc.), alors que la souffrance et la joie, le malheur et le bonheur, l'amour et la haine sont incalculables. Ainsi, ce n'est pas seulement notre ignorance, mais aussi notre connaissance qui nous aveuglent.

Les défaillances et carences de connaissance et de pensée au cours de la crise nous confirment qu'il nous faut un mode de connaissance et de pensée capable de répondre aux défis des complexités et aux défis des incertitudes. On ne peut connaître l'imprévisible, mais on peut prévoir son éventualité. On ne doit pas se fier aux probabilités ni oublier que tout événement historique transformateur est imprévu.

L'écologie de l'action

Une action n'obéit pas nécessairement aux intentions de son décideur, mais souvent aux inter-rétroactions du milieu où elle intervient. L'action peut, de ce fait, aller en sens contraire et revenir en boomerang sur la tête de son décideur. Ainsi, la décision politique de baisser les crédits des hôpitaux pour diminuer la dépense budgétaire et d'être sourd aux besoins des soignants surchargés et surmenés, celle de détruire des millions de masques, ont eu pour conséquence les plus massives dépenses de santé de notre histoire. Étant donné que toute action dans un milieu comportant une multiplicité d'interactions subit des aléas, il est nécessaire de considérer que toute décision est un pari dont le décideur dit être conscient. À ce titre, toute décision nécessite une stratégie intégrant l'aléa. Il s'agit donc de prévoir l'éventualité de l'imprévu.

Principe d'urgence/principe de prudence, que choisir en moment de crise ?

Il y eut en permanence, pendant l'épidémie, débat entre les options antagonistes de prudence et d'urgence : l'urgence conduit à sous-estimer les effets secondaires d'un traitement qui a donné de bons résultats immédiats ; la prudence, dans l'attente de remèdes sûrs vérifiés par de longs protocoles, laisse s'accroître le nombre des victimes. Il y a en fait risque dans l'un et l'autre termes de l'alternative. On peut toutefois surmonter partiellement l'alternative en stimulant à la fois les pratiques d'urgence et les protocoles de prudence.

De même, deux stratégies contradictoires ont été proposées dans la lutte contre le coronavirus : celle du confinement, qui évite le ravage massif de

Les 15 leçons du coronavirus

l'épidémie et l'étale dans le temps, et celle de l'immunité de groupe, qui aggrave pendant un temps l'ampleur et les ravages du virus, mais écourte l'épidémie.

Il y a également contradiction entre le prolongement du confinement, souhaitable pour précaution sanitaire, et sa fin rapide, souhaitable pour favoriser la reprise économique.

Enfin, il y a antagonisme entre les mesures accrues du contrôle individuel informatisé de traçage et la sauvegarde des libertés individuelles.

Dans tous ces cas, il est nécessaire soit de tenter de dépasser la contradiction, soit de faire un choix qui comporte un pari.

12. Leçon sur les carences de pensée et d'action politique

Les problèmes politiques de fond

Il est tragique que la pensée disjonctive et réductrice tienne les commandes en politique et en économie. Cette formidable carence a conduit à des erreurs de diagnostic, de prévention, ainsi qu'à des décisions aberrantes, à des injonctions contradictoires pendant l'épidémie (masques inutiles puis indispensables, tests dédaignés puis réclamés en urgence, écoles ni ouvertes ni fermées).

L'économiste de la santé Jean de Kervasdoué a mis en relief les défaillances des ministres successifs et de l'administration de la Santé et a souligné le rôle des lobbies et des divergences d'intérêts, qui ont bloqué toute réforme du secteur. Ajoutons que l'obsession de la rentabilité chez les dirigeants a conduit à des économies coupables pour les hôpitaux et pour la prévention des risques sanitaires.

Les carences dans le mode de pensée, jointes à la domination d'une soif effrénée de profit, sont responsables d'innombrables désastres humains, dont ceux survenus depuis février 2020.

La crise a puissamment mis en lumière les carences d'une politique qui a favorisé le capital au détriment du travail et sacrifié prévention et précaution au nom de la rentabilité et de la compétitivité. Les hôpitaux et leurs personnels soignants sont ainsi victimes à la fois d'une politique néolibérale qui s'applique partout à privatiser ou atrophier les services publics et d'une gestion étatique hyperbureaucratisée soumise de plus aux pressions de puissants lobbies.

Ces problèmes de fond qui nous apparaissent ici vont devoir être traités dans la suite de cet écrit.

La politique néolibérale

Le dogme prétendument scientifique du néolibéralisme régnait en 2019 sur la plupart des pays de la planète ; il réduit toute politique à l'économique et tout économique à la doctrine de la libre concurrence comme solution à tous les problèmes sociaux. De fait, le dogme néolibéral aggrave terriblement les inégalités sociales et donne un gigantesque pouvoir aux puissances financières.

Or les solutions immédiates à la soudaine paralysie économique du confinement mondial ont été contraires au dogme qui gouvernait l'économie : elles ont augmenté les dépenses là où on les réduisait, elles ont introduit le contrôle de l'État là où on le supprimait, elles préparent les protections pour une autonomie économique de base là où était prôné le libre commerce. Ce renversement justifie dès lors les critiques de fond faites au néolibéralisme et stimule les propositions d'un changement radical

Changeons de voie

de Voie, notamment par un new deal écologique-économique relançant l'emploi, la consommation et le niveau de vie.

Mais déjà, pour contrer tout renouveau, la résistance des puissances économiques et financières s'organise : une vaste campagne annonce des temps apocalyptiques de restrictions et de contraintes afin de convaincre les populations, et particulièrement les salariés, d'accepter d'inévitables sacrifices.

Bien entendu, nous ne savons pas si le début de conversion du président Macron s'accomplira en chemin sinon de Damas, du moins de Bercy.

Les défaillances de l'État

La crise a révélé le problème de fond que pose une administration d'État hyperbureaucratisée et soumise en ses sommets à des pressions et intérêts paralysant toutes réformes.

La crise de la pensée politique

C'est ce vide de la pensée politique qui a conduit à la désintégration du parti socialiste en France, puis à la sclérose de la droite républicaine. C'est ce vide qui fait qu'une majorité hétéroclite n'est unie que par la confiance en son chef et créateur. C'est ce vide qui a permis d'éluder toute recherche d'une Voie de salut politico-écologique-sociale-civilisationnelle dont nous allons proposer plus avant dans ce texte les fondements.

13. Leçon sur les délocalisations et la dépendance nationale

La pandémie a révélé notre dépendance totale en produits pharmaceutiques, matériel sanitaire et même masques, blouses médicales, principalement à l'égard de la très lointaine Chine. La pratique de délocalisation au profit d'une main-d'œuvre bon marché en Asie, en fait quasi servile, a eu la vertu temporaire de contribuer à des améliorations économiques dans ces pays longtemps dits « sous-développés ». Mais cette pratique a eu aussi le vice gravissime de nous assujettir à des économies étrangères et de nous laisser dénués de produits et de producteurs lors de l'invasion du virus.

Changeons de voie

D'où le problème de l'autonomie sanitaire auquel nous allons bientôt ajouter, dans l'hypothèse de plus en plus vraisemblable d'une crise alimentaire, celui d'un minimum d'autonomie vivrière. La polyculture fermière ayant presque partout disparu en France, la monoculture industrielle du blé étant principalement vouée à l'exportation, il est important (et nous y reviendrons) de préparer un redéploiement de l'agriculture fermière et agroécologique, et corrélativement un repliement de l'agriculture industrielle.

Il est regrettable que ce problème de l'autonomie nationale soit si mal posé et soit toujours réduit à une opposition entre souverainisme et mondialisme.

Comme nous le verrons, il s'agit de restaurer une autonomie nationale vitale et en même temps de réformer la mondialisation techno-économique dans une altermondialisation comportant la conscience d'une communauté de destin, la coopération politique et les échanges culturels. Plus amplement, la mondialisation doit comporter son antagoniste la démondialisation pour sauver les terroirs, territoires ou nations menacés dans leur espace vital. Il faut renverser le sens expansionniste du terme « espace vital » du IIIe Reich : notre espace vital est notre espace national.

14. Leçon sur la crise de l'Europe

La crise de la pandémie de Covid-19 est venue sonner l'heure de vérité pour l'Europe. Sous le choc de l'épidémie, l'Union européenne s'est brisée en morceaux nationaux. Dans un accès de fièvre souverainiste, chaque État s'est replié sur lui-même et a fermé ses frontières, à part quelques timides et mineures coopérations comme l'accueil par l'Allemagne de malades alsaciens.

La France et l'Allemagne se sont montrées peu solidaires alors que l'Italie, puis l'Espagne étaient en pleine détresse sanitaire. De même, ce sont les États nationaux qui ont pris isolément les premières mesures pour sauver les entreprises menacées de disparition et compenser la perte de revenus des salariés mis au chômage. Les États membres ont été en incapacité de trouver un accord commun pour venir en aide aux pays les plus en difficulté.

Pendant deux mois, aucune des tentatives de solidarité financière n'a pu aboutir et ce n'est qu'in extremis que France et Allemagne ont proposé aux autres nations européennes de consacrer un crédit de 500 milliards d'euros pour le relèvement commun.

Changeons de voie

Alors qu'il ne reste de l'Union européenne qu'un squelette, est-ce qu'un éveil de solidarité et une politique écologique commune pourraient lui donner quelque chair ? Les divisions demeurent, et les menaces de dislocation vont s'aggraver sous les poussées scissionnistes des souverainistes revigorés. Souhaitons éviter cette désintégration.

15. Leçon sur la planète en crise

La pandémie mondiale a créé une crise violente de la mondialisation. On peut se demander aussi si la mondialisation n'a pas contribué à la crise violente de la pandémie.

Des écologistes, des scientifiques et des épidémiologistes ont indiqué que la dérégulation des écosystèmes, les atteintes à la biodiversité, la circulation des hommes, les pollutions rurales et urbaines ont favorisé l'émergence des virus Ebola et Corona ainsi que la propagation foudroyante du Covid-19. Selon le professeur Thomas Michiels[1], biologiste et spécialiste de la transmission des virus : « Il n'y a pas de

---

1. Interview RTBF, 1er avril 2020.

doute que la globalisation a un effet sur les épidémies et favorise la dispersion des virus. Quand on regarde l'évolution des épidémies par le passé, il y a des exemples notoires, où on observe que les épidémies suivent les voies ferrées et les déplacements de l'homme. Ça ne fait aucun doute, la circulation des individus aggrave la pandémie. »

Un autre impact de la mondialisation dans la crise du coronavirus, lié à notre système d'approvisionnement alimentaire, a été démontré par les scientifiques. L'augmentation des occurrences des virus est liée à l'agriculture industrielle massive, plus particulièrement l'industrialisation de l'élevage animal. La politique de déforestation entraîne aussi l'apparition de maladies. La fréquence des épidémies risque de s'accroître si on ne freine pas l'agrobusiness, qui vise à accaparer les terres des pays les plus pauvres et le marché alimentaire à l'échelle du monde.

Outre son impact néfaste sur l'environnement, la mondialisation entraîne une perte de souveraineté et d'autonomie économique des États.

Plus amplement, il est apparu clairement que la mondialisation, parce que essentiellement techno-économique, avait créé une interdépendance générale sans nulle solidarité. Et quand la crise s'est mondialisée, l'interdépendance brisée a laissé nations et peuples aux économies mutilées dans une dépendance économique et morale jusqu'alors inconnue.

Dès avant la pandémie, il était évident que la mondialisation techno-économique, loin de créer des liens entre cultures et nations, conduisait à des replis ethnico-religieux et/ou nationalistes. Ces replis ont occulté la communauté de destin et de périls créés par la mondialisation elle-même.

La mondialisation doit plus que jamais être régulée et contrôlée par une altermondialisation et se combiner avec des démondialisations en matière sanitaire et alimentaire.

La crise planétaire née du coronavirus met en relief la communauté de destin de tous les humains en lien inséparable avec le destin bioécologique de la planète Terre. Elle met simultanément en intensité la crise de l'humanité qui ne parvient pas à se constituer en humanité.

L'humanisme est en crise face aux dérives et replis nationalistes, aux renouveaux racistes et xénophobes, au primat de l'intérêt économique sur tous les autres. La conscience de la communauté de destin des humains devrait le régénérer et donner à son universalisme jusqu'alors abstrait un caractère concret : chacun pourra alors ressentir son intégration dans l'aventure de l'humanité. Et si cette conscience se propage dans le monde et devient force historique, l'humanisme pourrait alors susciter une politique de l'humanité.

Chapitre 2

Les défis de l'après-corona

Le moment historique extrêmement grave que nous traversons est lourd de défis. La crise sanitaire toujours en cours s'accompagne d'une crise politique et d'une crise économique dont on n'a pas encore mesuré la profondeur et la durée ; une crise alimentaire mondiale semble s'annoncer ; une dramatique crise sociale a commencé à la suite de l'explosion du nombre de chômeurs et de travailleurs précaires. En France, où le climat social et politique est particulièrement dégradé depuis la mobilisation des gilets jaunes et le mouvement social contre la loi sur les retraites, l'avenir est plus inquiétant que jamais.

Nous sommes sommés de répondre à un ensemble de défis, eux-mêmes interdépendants.

Changeons de voie

1. Le défi existentiel

Un nouveau rapport au temps

Le confinement fut un enfermement, mais ce fut aussi une libération intérieure par rapport au temps chronométré, au métro-boulot-dodo des travailleurs, aux horaires surchargés des professions libérales. Nos existences, jusqu'alors régies par un temps de plus en plus accéléré, ont pu à nouveau être managées, ménagées, ralenties (sauf évidemment là où il y eut surcharge d'obligations familiales).

Une fois la crise passée, reprendrons-nous la course infernale ? Garderons-nous le goût de la lenteur, les balades, la bicyclette, le *slow food* ? Cesserons-nous de vouloir aller plus vite et plus loin ? Cesserons-nous de subordonner le principal, notre propre épanouissement et notre lien affectueux à autrui, au secondaire voire au futile ?

Les défis de l'après-corona

Faire durer les nouvelles solidarités

Les pratiques solidaires innombrables de ces mois d'exception seront-elles conservées ? Est-ce que se prolongera et s'intensifiera le réveil de solidarité provoqué pendant le premier confinement non seulement à l'égard des soignants, mais aussi des derniers de cordée ?

Durant le confinement, nous avons pu mieux nous soucier de nos proches et communiquer avec eux, dont ceux qui étaient géographiquement lointains. Une entraide entre voisins a créé des amitiés. Nous avons pu éprouver de temps à autre des jouissances esthétiques – voir des films, lire des livres, écouter de la musique. Cela favorisera t il un essor de la vie conviviale, aimante et poétique ?

Tout sera peut-être chloroformé par la reprise des habitudes, folklorisé dans le souvenir, et finalement oublié dans de nouvelles épreuves et de nouvelles crises.

2. Le défi de la crise politique

*Que restera-t-il des aspirations
réformatrices et transformatrices ?*

Le président de la République Emmanuel Macron avait annoncé le 13 avril 2020 : « Sachons dans ce moment sortir des sentiers battus, des idéologies et nous réinventer. Moi le premier. » Peut-on compter sur les pouvoirs publics pour sortir des sentiers battus, des idéologies et se réinventer ? Quelles leçons les autorités tireront-elles de l'expérience ? On ne peut même pas être assuré de quelque progrès politique, économique ou social comme il y en eut, peu après la Seconde Guerre mondiale.

On ne peut savoir si, après la crise, l'ordre ébranlé se rétablira, ou si au contraire la conscience du « ce ne doit plus être comme avant » suscitera l'essor des idées novatrices et des forces politiques capables de révolutionner politique et économie.

La crise a mis en question le néolibéralisme, substrat doctrinaire des politiques menées dans le monde depuis les années Thatcher-Reagan, qui promeuvent la libre concurrence économique comme solution à

Les défis de l'après-corona

tous problèmes sociaux et humains, et qui prônent la liberté maximale pour les entreprises et un rôle minimal pour l'État. C'est le néolibéralisme qui a inspiré la privatisation des services publics, la réduction des services hospitaliers et leur commercialisation, la pratique des flux et de la délocalisation. Tout cela dans la perspective, toujours démentie, où l'accroissement de la richesse des riches « ruissèlera » sur le peuple. La crise a contraint les États d'abandonner leur politique d'austérité budgétaire par des dépenses massives pour la santé, les entreprises, les travailleurs privés de salaire. Elle a renforcé les services publics qu'elle tendait à privatiser, dont l'hôpital. Elle a opéré des protections douanières là où elle a ouvert toutes frontières. Le néolibéralisme est-il seulement suspendu ?

La mégacrise a révélé un État incapable de fournir en masques, en blouses et en matériel le personnel soignant et la population pendant plusieurs semaines. Elle a mis en lumière lenteurs, ordres et contrordres, directives illisibles, impréparations, c'est-à-dire de très graves défaillances. D'où les deux nécessités inséparables pour tout renouveau politique : sortir du néolibéralisme, réformer l'État. Nous en verrons les moyens au chapitre 3.

3. Le défi d'une mondialisation en crise

Nous l'avons vu. La mondialisation a créé une interdépendance sans solidarité. Dès l'invasion virale, les États ont refermé les nations sur elles-mêmes. Aux coopérations ont succédé des compétitions, y compris pour la recherche de remède ou de vaccin au virus.

La mondialisation est-elle en miettes ? Se reconstituera-t-elle ? Totalement ? Partiellement ? Sur les mêmes seules bases d'un développement matériel techno-économique ? Ne faudrait-il pas enrichir et humaniser la notion de développement qui a détruit tant de solidarités et de communautés ? Ne faudrait-il pas combiner mondialisation et démondialisations partielles ?

La mondialisation a entraîné une perte d'autonomie économique des États. Les conséquences en ont été dramatiques. Comme on le verra au chapitre suivant, la nécessité d'établir des politiques de prévention pour les prochaines épidémies et celle d'assurer une politique d'autosuffisance minimale pour les produits liés à la santé (médicaments, masques, vaccins) et à l'alimentation devraient entraîner des retours ou des recours à des autonomies sanitaires et alimentaires, c'est-à-dire des démondialisations partielles.

4. Le défi de la crise de la démocratie

La démocratie était en crise partout dans le monde avant l'épidémie du coronavirus, crise aggravée par la corruption et la démagogie triomphantes. Parallèlement, on a assisté à l'intensification des nationalismes agressifs et xénophobes. Partout on a vu apparaître des États néo-autoritaires.

La crise du virus aggravera-t-elle ou contribuera-t-elle à relever le défi démocratique ?

Menace pour nos libertés ?

Tout d'abord la restriction de nos droits fondamentaux pour lutter contre le virus, justifiée dans l'immédiat, pose problème par la façon dont elle a été imposée et par les risques futurs qu'elle comporte. Il aurait été plus prudent de faire voter une loi spécifique de précaution pour l'épidémie plutôt que d'exhumer l'état d'urgence, voté en 1955 dans un but répressif et qui a permis les pires exactions pendant la guerre d'Algérie.

Des mesures comme l'interdiction de rassemblement, de réunion, ou la limitation drastique de la liberté de circuler devront de toute évidence disparaître avec le virus.

Dans une société démocratique, les mesures restrictives de liberté doivent être limitées à la stricte mesure des situations. Certaines décisions d'urgence ont été prises sans consultations juridiques ni débats parlementaires, ne peut-on craindre leur renouvellement arbitraire ?

Les mesures d'exception invoquées contre le terrorisme ont été maintenues. Comme notre avenir est menacé, dans la crise universelle des démocraties, par un néo-autoritarisme, il est à craindre que les dispositifs de traçage installés pendant la pandémie non seulement se maintiennent, mais s'amplifient par le recours systématique à la géolocalisation, au pistage par smartphone, à la vidéosurveillance, aux détections par algorithmes, à l'intelligence artificielle. Nous devons y réfléchir dès maintenant.

5. Le défi du numérique

Il semble bien que la propagation du numérique, déjà en cours et amplifiée par le confinement (télétravail, visioconférences, Skype, mails, réseaux sociaux), va perdurer. Les outils numériques sont à la fois instruments de liberté et instruments d'asservissement. Internet permet la libre expression, allant de la créativité au délire sur les réseaux sociaux. Le Net offre la possibilité à un individu doué de déchiffrer des codes protégeant des secrets politiques et militaires et d'alerter les citoyens, et en même temps il donne un énorme pouvoir de surveillance sur les individus en violant le secret et le sacré de leur privauté.

Le digital, Internet, l'intelligence artificielle sont des moyens qui tendent à se transformer en fins ou à être au service de pouvoirs contrôleurs et incontrôlés. Ils seraient censés, pour les esprits technocratiques et transhumanistes, établir l'harmonie d'une mégamachine sociale traitant tous problèmes. Nous devons savoir que chaque technique possédée risque de nous déposséder des questions éthiques, sociales et politiques qui relèvent de nos esprits.

6. Le défi écologique

L'activité humaine dégrade de plus en plus intensément la biosphère, l'atmosphère terrestre, les océans, les continents, comme localement les villes, les fleuves, les cultures.

Nous avons pu voir que, pendant l'arrêt des transports et des activités industrielles, l'air est redevenu pur, la nature semblait renaître. L'abandon de la voiture durant les mois de confinement pourrait amener une désintoxication automobiliste en en restreignant l'usage aux déplacements hors ville. Favoriserons-nous le train au détriment de l'usage métropolitain de l'avion ? Cette crise pourrait accélérer la transformation du trafic aérien et réduire la circulation nationale et internationale des personnes. Les entreprises semblent avoir pris goût aux visioconférences qui génèrent économies de temps, d'énergie et d'argent.

Nous avons pu durant la crise ne consommer que l'indispensable, serons-nous à nouveau soumis à la pulsion consumériste, elle-même stimulée par des publicités omniprésentes ?

Les défis de l'après-corona

Certaines mesures et habitudes, notamment alimentaires, acquises pendant le premier confinement pourraient perdurer pour contribuer à ce qu'on appelle la transition écologique et qui serait une révolution de civilisation non violente.

7. Le défi de la crise économique

Le néolibéralisme est-il seulement ébranlé ? Ne reprendra-t-il pas les commandes ? Dès le confinement, un formidable forcing du Medef et de la finance s'est exercé sur le président de la République française pour qu'il abandonne ses velléités d'ouvrir une nouvelle économie écologisée et revienne à la Norme.

L'économie paralysée par les différents confinements reprendra-t-elle son cours précédent ? Notre crise économique mondiale conduira-t-elle à une récession comme en 2008, à une dépression comme en 1929 ou prendra-t-elle un cours inconnu ? Serons-nous la proie d'une gigantesque crise planétaire dont on peut craindre une issue barbare ?

Pourra-t-on, sinon réguler l'économie mondiale, réduire la puissance de l'hypercapitalisme, réformer les systèmes bancaires, contrôler la spéculation boursière, empêcher les évasions fiscales ? Trouverons-nous les principes d'une économie fondée sur un new deal de relance écologique et de réforme sociale qui ferait régresser l'hypercapitalisme et diminuerait les inégalités ?

8. Le défi des incertitudes

Outre ces incertitudes économiques, c'est tout l'avenir qui est incertain. Il faut néanmoins essayer d'entrevoir les tendances et les risques à venir. Verrons-nous une reprise de la mondialisation ou la poursuite des replis autarciques ? Allons-nous vers l'essor des nationalismes, le succès des souverainismes et la fermeture des frontières ? De nouveaux États vont-ils céder à l'autoritarisme avec l'avènement des sociétés de surveillance, les techniques informatiques de reconnaissance, contrôle et traçage des invividus ?

Les défis de l'après-corona

Les nations géantes s'opposeront-elles davantage qu'hier ? Leurs rapports de forces se modifieront-ils ? La Chine dominera-t-elle le monde ou se disloquera-t-elle, comme cela lui est arrivé dans le passé ?

Les conflits armés, plus ou moins atténués par la crise du coronavirus, s'exacerberont-ils ? Y aura-t-il au contraire un élan international salutaire de coopération ?

9. Le danger d'une grande régression

On ne sait si le processus régressif antérieur à la crise du virus sera accentué par et dans l'après-épidémie ou si au contraire il pourra être stoppé, voire reculer.

Nous pouvons craindre fortement que ne continue la régression généralisée qui avait déjà cours durant les vingt premières années de ce siècle.

Régressions intellectuelles et morales

Nous assistons depuis deux décennies dans le monde et également en France à la progression du manichéisme, des visions unilatérales, des haines et des mépris.

Dans les hautes sphères, la politique s'est vidée de tout contenu pour se mettre à la remorque de l'économie ; l'économie s'est soumise au néolibéralisme, et au calcul qui quantifie et déshumanise ce qu'il traite, ignore l'improbable et l'imprévu.

Régressions de la démocratie

Ces processus régressifs conjugués ont fait naître un peu partout, y compris en Europe, des États néo-autoritaires, et si la régression se poursuit nous pouvons craindre, y compris en Europe, la formation et la généralisation d'un totalitarisme de type nouveau. Le totalitarisme du XXe siècle se fondait sur le contrôle total d'un parti unique étendant ses ramifications sur tous les secteurs de la société et tous les aspects de la vie. La Chine communiste a maintenu le système du parti unique, mais son contrôle policier et délateur sur les populations s'est enrichi d'un télécontrôle informatique toujours plus performant grâce à l'intelligence artificielle. Écoutes téléphoniques, espionnage digital, reconnaissance faciale, traçage des transactions bancaires. Si la régression continue, il me semble inévitable que les États néo-autoritaires deviennent néototalitaires.

Régressions bellicistes

Ces régressions terriblement inquiétantes peuvent nous entraîner vers une désormais possible conflagration mondiale.

Bien qu'elles aient été provisoirement calmées par l'épidémie, il y a grand risque de reprise des guerres apparemment civiles, mais où intervenaient les États voisins et les grandes puissances, qui s'opposaient par factions s'entre-combattant, notamment en Irak, au Yémen et en Lybie. Sans oublier le conflit à la merci d'un accident explosif entre l'Iran d'une part et l'association États-Unis-Israël-Arabie saoudite d'autre part.

Le processus d'annexion de la Palestine par Israël a provoqué un violent antijudaïsme pour certaines populations arabes ; cet antijudaïsme ne pourra que s'accroître lors de l'achèvement de l'annexion ; il alimentera du même coup toutes les hostilités à l'égard de l'Occident. Antisémitisme et anti-islamisme, qui déjà s'entretenaient l'un l'autre, s'amplifieront. On ne sait ce que produira le djihadisme meurtrier qui,

Changeons de voie

après ses assassinats collectifs en France et en Occident, a ravagé le Moyen-Orient puis provoqué un état de guerre au Tchad, au Mali, en Somalie, au Nigeria, et qui n'a pas connu de trêve durant la crise du coronavirus.

Le renouveau religieux dans le monde, à la suite de l'effondrement de la religion de salut terrestre que fut le communisme, a suscité, faute d'espoir en un futur terrestre, le retour des religions du salut céleste et du Dieu tout-puissant ; il apporte souvent avec lui intolérance et fanatisme[1].

Le nombre grandissant d'États possédant l'arme nucléaire et le développement de sa production rendront son utilisation de moins en moins improbable. Les arsenaux bactériologiques, chimiques et informatiques se sont considérablement sophistiqués. Comme après 1933, une course aux armements a commencé.

Ajoutons que les fléaux naturels, inondations, immersions, sécheresses, apportés par les change-

---

1. L'intolérance a ravagé le Moyen-Orient arabe, où les minorités juives ont disparu, où les minorités chrétiennes sont en voie de disparition, où chiites et sunnites se combattent, et elle a réapparu dans la grande Inde multiethnique où le nouveau pouvoir nationaliste hindouiste ravale sa population musulmane à un statut inférieur.

ments climatiques et les innombrables dégradations de la biosphère ne peuvent qu'entraîner migrations de populations, rejet des migrants, persécutions et guerres.

Le spectre de la Mort plane sur l'humanité

Nous risquons d'entrer dans une ère cyclonique et de connaître ce qu'il advint à Sarajevo en 1914 ou à Dantzig en 1939 : la bombe et la revendication d'un illuminé ont provoqué l'une et l'autre fois, par réactions en chaîne totalement imprévues, l'embrasement de deux guerres-hécatombes mondiales.

Nous ne savons pas si la continuation des processus régressifs provoquera une barbarie planétaire, si elle favorisera la constitution d'États néototalitaires, ou si elle déclenchera des résistances et sous quelles formes.

Tout cela rend dérisoire l'affirmation euphorique de Steven Pinker selon laquelle nous sommes entrés dans l'ère la plus pacifique et la plus heureuse de l'histoire humaine.

Le virus est-il notre oracle de Delphes ? Comme l'a écrit Héraclite : « Le dieu dont l'oracle est à Delphes

Changeons de voie

n'explique pas sa prédiction ni ne la cache non plus mais donne une indication pour la comprendre[1]. »

L'espoir est dans la poursuite du réveil des esprits qu'aura stimulé l'expérience de la mégacrise mondiale.

Il devient vital de changer de Voie.

---

1. Héraclite, *Fragments*, 93.

Chapitre 3
Changer de voie

« Si tu ne l'espères pas, tu ne trouveras pas l'inespéré[1]. »

HÉRACLITE

Les carences politiques, économiques, sociales révélées par la pandémie, ainsi que les grands dangers de régression qu'elle a pu augmenter, rendent indispensable une nouvelle Voie.

Pourquoi *voie* et non *révolution* ? Parce que la révolution soviétique puis la maoïste ont produit une oppression contraire à leur mission d'émancipation et parce que leur échec final a restauré ce qu'elles avaient voulu liquider : capitalisme et religion.

Pourquoi *voie* et non *projet de société* comme il est dit couramment ? Parce que le projet de société

---

1. Héraclite, *Fragments*, 18.

est une notion statique totalement inadéquate dans un monde en transformation.

Comme nous sommes emportés par le devenir historique, nous exposons ici un certain nombre d'idées-guides et de propositions afin d'ouvrir des chemins de transformation.

Toutes les régressions évoquées au chapitre précédent sont probables, mais ne sont que probables. L'enzyme d'un grand projet peut opérer la catalyse d'un éveil des consciences et des énergies. Bien que les forces contraires soient considérables, il n'est pas impossible qu'une nouvelle Voie puisse dans son cheminement même les faire reculer.

Gardons l'espoir sans nulle euphorie. Si, comme la troisième voie des années 1930-1939, la nouvelle Voie est écrasée par le désastre, gageons qu'elle portera ensuite, comme en 1945, l'espoir du renouveau.

Les grandes lignes de la nouvelle Voie politique-écologique-économique-sociale[1] qu'impose la crise inédite que nous vivons sont guidées par le besoin de régénérer la politique, le besoin

---

1. Elle se trouve énoncée en détail dans notre livre *La Voie,* Fayard, 2011.

Changer de voie

d'humaniser la société et le besoin d'un humanisme régénéré.

Cette nouvelle Voie comporte :
- une politique nationale pour la France ;
- une politique de civilisation ;
- une politique de l'humanité ;
- une politique de la Terre ;
- un humanisme régénéré.

1. Une politique de la nation

Une politique nationale régénérée opérerait de vraies réformes, qui seraient non pas des réductions budgétaires, mais des réformes de l'État, de la démocratie, de la société, de la civilisation, liées à des réformes de vie. Leur ensemble constituerait la nouvelle Voie.

Cette politique nécessiterait une gouvernance de concertation où interviendraient conjointement l'action de l'État, celle des collectivités publiques, celle de conseils compétents (écologie, urbanisme, consommation et autres) et celle des citoyens à travers des comités de démocratie participative. Elle appelle un éveil citoyen par la prise de conscience des problèmes vitaux en jeu.

Changeons de voie

Souveraineté et mondialité

Nous promouvons d'abord une politique qui conjugue mondialisation et démondialisation, croissance et décroissance, développement et enveloppement. Ces termes ne sont antinomiques que dans une logique binaire qui les enferme dans des alternatives mutilantes.

♦ Conjuguer mondialisation et démondialisation

Poursuivons la mondialisation en cessant de la limiter à son caractère techno-économique, qui a été dominant, et donnons à ce terme son sens plein qui implique la multiplication et le développement des liens et des coopérations.

Cette mondialisation au sens amplifié et humanisé comporterait des démondialisations partielles, lesquelles permettraient d'assurer l'autonomie vivrière et sanitaire des nations, de satisfaire leur minimum vital énergétique et industriel, de sauver des territoires de la désertification ; elle favoriserait la vie des communautés locales et régionales, le maraîchage périurbain, l'alimentation de proximité, les petits commerces et artisanats.

Changer de voie

Dès lors, la relation souverainisme/mondialisme ne se pose plus en alternative. L'État cesse d'être en dépendance pour ce qui est vital pour la nation – la santé, l'alimentation, les produits de première nécessité – et par là redevient souverain sur son « économie de vie », selon la formule de Jacques Attali. Mais il continuerait à participer à une interdépendance de solidarité et à une mondialisation humanisée.

♦ Conjuguer croissance et décroissance

La croissance qui doit se poursuivre est celle de l'économie des besoins essentiels : les services publics dont la santé, l'éducation, les transports, les énergies vertes, l'agriculture fermière et agro-écologique, la revitalisation des villages et terroirs, l'économie sociale et solidaire, la production des objets durables, les artisanats de réparation, et aussi la construction d'habitations pour mal-logés et sans-logis, les aménagements urbains d'humanisation dont des grands travaux de parking pour piétonniser les centres-villes.

La décroissance doit s'effectuer progressivement pour réduire l'économie du frivole et de l'illusoire, ramener la publicité à ses messages informatifs, diminuer la production et la mise en conserve de la nourriture industrialisée ainsi que la production d'objets jetables et non réparables, réduire le trafic automobile, le transport routier (au profit du ferroutage) et le trafic aérien, ce qui réduirait corrélativement les intoxications de pollution et les intoxications de consommation. La période du confinement a donné un bon aperçu de ces possibilités. Notons qu'il y a partout dans le monde, y compris en France, sous-production de produits nécessaires, dont il faut favoriser la croissance, et surproduction de produits superflus, dont il faut favoriser la décroissance.

♦ Conjuguer développement et enveloppement

Le développement tel qu'on l'entend en Occident est en fait restreint aux domaines techniques et économiques. Pour un pays occidental comme la France, son sens peut être amplifié à la culture. Mais il tend à s'identifier à la croissance et à tout ce qui est chiffrable, ignorant l'inquantifiable qualité de la vie.

L'enveloppement fait référence à la communauté et la solidarité. Or, si les solidarités se sont réveillées pendant le confinement, elles sortent d'une longue

Changer de voie

léthargie dans les familles, le voisinage, les villages, le travail, la nation.

La conjugaison développement/enveloppement signifie que le développement des biens matériels n'a de sens qu'accompagnant un mode de vie qui entretienne tout ce qui peut envelopper un Je dans un Nous : la convivialité, la compréhension d'autrui, l'amitié.

Unité et diversité nationales

La France est de ces nations dont l'unité s'est faite à partir de la diversité. Toute son aventure historique, depuis les Capétiens, a été de réunir dans sa souveraineté un très grand nombre de peuples hétérogènes ayant chacun sa langue et sa culture, des Bretons aux Alsaciens, des Flamands aux Provençaux. Son unification s'est opérée à la fois par la force, par les alliances royales, par la négociation et a abouti à l'adhésion des provinces à la grande Nation lors de la fête de la Fédération du 14 juillet 1790.

L'armée et les guerres ont brassé ensemble des soldats venus de toutes provinces, l'éducation obligatoire de la IIIe République a enraciné dès l'enfance l'appartenance nationale. Cela n'a pas pour autant supprimé les diversités régionales. Bien que la République les ait un temps reléguées au rang de dialectes, les langues régionales ont ressuscité en même temps que refleurissait leur culture. La diversité régionale est le trésor de l'unité française et l'unité française est le trésor des diversités régionales. À ces diversités s'ajoutent depuis le début du XXe siècle celles des vagues successives d'immigrés, qui continuent le processus plus que millénaire commencé avec les Capétiens. Il y a aujourd'hui 7,4 millions de Français descendant d'immigrés depuis 1900, soit 12 % de la population. Certains se sentent à ce point intégrés qu'ils sont devenus hostiles aux récents immigrés.

Aussi, plutôt que d'opposer nation et communautarisme, il faut rejeter le nationalisme homogénéisateur et le communautarisme clos, et faire toute politique nationale à partir de la conception d'une France une et diverse.

Réforme de l'État : humanisation par débureaucratisation et déparasitage

♦ Pathologies administratives

La pandémie a mis en lumière les carences de l'État, incapable de fournir en masques, en blouses

Changer de voie

et en matériel le personnel soignant et la population. Elle a mis en évidence les lenteurs, les ordres et contrordres, les directives illisibles, les décisions impréparées.

Elle a révélé une bureaucratisation qui asphyxie l'administration. Elle a donné à voir le parasitage des ministères et de l'administration par des lobbies financiers, notamment celui du ministère de la Santé par des firmes pharmaceutiques.

Le parasitage des lobbies financiers ne pourra décroître qu'avec la diminution de leur puissance ; une politique de débureaucratisation de l'État et des services publics peut et doit contribuer à cette diminution.

L'administration d'État obéit à des principes généraux d'organisation qu'on retrouve dans d'autres administrations, dont celles des grandes entreprises privées : centralisation, hiérarchie et spécialisation.

La bureaucratie peut être considérée comme une pathologie administrative où l'excès de centralisation, l'excès de hiérarchie enlèvent toute initiative à ceux qui ne peuvent qu'obéir, ce qu'aggrave l'excès de spécialisation, qui enferme chaque agent dans sa fonction.

La bureaucratie se traduit par une rigide dichotomie dirigeant-exécutant, limite la responsabilité personnelle de chacun à son compartiment, inhibe cette responsabilité et la solidarité de chacun pour l'ensemble dont il est une partie. De fait, la bureaucratie génère l'irresponsabilité, l'inertie et l'inintérêt hors du secteur de spécialisation. En France, l'affaire dite du sang contaminé, puis la pandémie du coronavirus ont mis en évidence une irresponsabilité généralisée. Cette irresponsabilité favorise la corruption des fonctionnaires au cœur même de l'État.

Enfin, une organisation rigoureusement centralisée, hiérarchisée et compartimentant les travailleurs spécialisés tend à être pesante et tatillonne pour son personnel, routinière dans son action, inhumaine pour ceux qui sollicitent ses services et qu'on renvoie de bureau en bureau, de boîte vocale en boîte vocale.

♦ Principes de réorganisation

Une bonne organisation demande que soient employées au mieux les aptitudes et qualités des individus qui y travaillent. Ces aptitudes et qualités sont, avons-nous dit, inhibées sous les effets conjugués de la centralisation, de la hiérarchie, de la compartimentation. Mais, comme on ne peut concevoir une administration publique privée de

Changer de voie

centre, exempte de hiérarchie et dépourvue de compétences spécialisées, il s'agit de créer et de développer des modes d'organisation qui combinent :
– centrisme/polycentrisme/acentrisme ;
– hiérarchie/polyarchie/anarchie ;
– spécialisation/polyspécialisation/compétence générale.

La combinaison du centrisme et du polycentrisme consiste à donner une capacité de décision à divers centres, chacun chargé d'une compétence propre sur des problèmes particuliers. L'acentrisme signifie que les agents peuvent disposer d'une marge de liberté en cas imprévus ou en conditions critiques.

De même, il s'agirait de combiner hiérarchie et polyarchie (pluralité de différentes hiérarchies selon les domaines et selon les circonstances). En outre, une part d'anarchie doit être sauvegardée dans le sens où anarchie signifie non pas désordre, mais modes d'organisation spontanée à travers les interactions entre individus et groupes.

Enfin, la spécialisation doit s'effectuer après une étape de formation qui fournirait une culture enrichissante, laquelle permettrait aux agents spécialisés d'être pluricompétents, de collaborer interactivement avec les responsables du processus de décision, lesquels doivent être dotés de compétences plus générales. De toute façon, la compétence spécialisée et la polycompétence doivent être associées.

Dans chacun des trois modes d'organisation et surtout dans leur combinaison se créeraient des espaces de responsabilité et de liberté.

Tout cela tendrait à débureaucratiser et déscléroser les administrations publiques, à affaiblir la « cage de fer[1] » de la rationalisation, et à favoriser la manifestation des aptitudes stratégiques, inventives et créatrices des travailleurs et employés au profit à la fois de la désaliénation personnelle et du bien public.

La vraie réforme de l'administration publique ne peut être isolée. Elle nécessite que se restaurent responsabilité et solidarité, non seulement chez ses agents ou décideurs, mais aussi dans la société. En d'autres termes, la réforme des administrations ne peut se réaliser pleinement que dans un complexe de transformations humaines, sociales, historiques qui incluent les autres réformes que traite ce livre.

---

1. Max Weber, *L'Éthique protestante et l'Esprit du capitalisme*, 1904-1905.

Changer de voie

Réforme économique

♦ Refoulement progressif du pouvoir des oligarchies économiques

Les oligarchies économiques orientent les décisions d'un pouvoir guidé par le credo néolibéral. Elles parasitent et paralysent l'État, lui dictent lois et directives, bloquent des lois salutaires. Elles dominent et contrôlent les productions industrielles et agricoles, de vastes secteurs de l'économie des services (Uber, Amazon), l'économie numérique (Google, etc.).

On peut certainement les taxer par la fiscalité, mais celle-ci sera inopérante tant que demeurent les paradis fiscaux. La suppression de ces derniers est souhaitable, mais ne peut être décidée que par l'ensemble des nations. On peut toutefois taxer lourdement tous les cas d'évasion fiscale avérée. Toutefois la solution est ailleurs.

Elle est dans la régression de leur pouvoir.

Cette régression peut commencer avec un gouvernement dont les ministres seraient insensibles à leur pression ainsi qu'avec une haute administration réformée.

Elle viendrait surtout à notre avis d'une conscience des consommateurs, s'amplifiant et se généralisant, qui sélectionneraient de plus en plus leurs achats. En effet la « société de consommation », qui fait dépendre le consommateur du producteur, peut donner au consommateur, s'il s'émancipe, pouvoir sur le producteur. Cette nouvelle conscience consommationniste favoriserait les productions locales, durables et solidaires. La période du confinement nous a montré à quel point c'était possible.

En somme la poussée conjointe d'un pouvoir politique devenu autonome et des citoyens devenus majoritairement conscients pourrait faire reculer progressivement le pouvoir de l'argent. Ce processus sauvegarderait d'autant plus la libre concurrence qu'il abolirait les monopoles.

♦ Réforme de l'entreprise

L'entreprise industrielle est organisée selon le modèle que nous avons examiné plus haut : centralisme/hiérarchie/spécialisation. La réforme de son organisation devrait obéir aux principes que nous avons énoncés, avec la différence que, si l'action d'une administration vise à l'application d'une décision gouvernementale ou d'une loi,

Changer de voie

l'action d'une entreprise vise à sa rentabilité dans un milieu concurrentiel et aléatoire. La réforme s'impose d'autant plus qu'elle a besoin d'adaptabilité et d'inventivité à tous niveaux. L'entreprise-caserne est servitude pour ceux qui y travaillent, mais une entreprise qui reconnaîtrait ses employés et travailleurs dans leur pleine humanité serait reconnue par ceux-ci comme communauté de destin, ce qui améliorerait aussi bien les performances de l'entreprise que les conditions de vie de ceux qui y travaillent.

C'est dans ce sens réformateur que vont les entrepreneurs de l'économie sociale et solidaire, ceux de l'entreprise citoyenne, et encore ceux de l'entreprise à mission (d'aide aux producteurs locaux et de production d'aliments sains).

Malencontreusement, l'entreprise a durci les contraintes organisationnelles sur ses salariés, notamment à cause de l'hypercompétitivité internationale, ce qui suscite dépressions, accidents du travail, burn out, suicides. Ces contraintes décroîtront avec les démondialisations partielles, qui soustrairont un certain nombre d'entreprises à l'hypercompétitivité internationale, ce qui y diminuerait la pression inhumaine subie par leurs salariés.

Changeons de voie

Réforme de la démocratie : la participation citoyenne

La démocratie parlementaire, si nécessaire soit-elle, est insuffisante. Elle est même en voie de dévitalisation là où il y a aplatissement de la pensée politique, incapacité d'affronter les grands défis de l'ère planétaire, corruption et désintérêt des citoyens.

Il faudrait concevoir et proposer les modes d'une démocratie participative. Il serait utile en même temps de favoriser un éveil citoyen, qui lui-même serait inséparable d'une régénération de la pensée politique. Il serait également utile de multiplier les universités populaires, qui offriraient aux citoyens une initiation aux sciences politiques, sociologiques, économiques et juridiques.

La démocratie participative est à inventer à partir de conseils – ce mot qui se dit *soviet* en langue russe, désormais dévalué par son usage mensonger. Il nous faut repenser, à la lumière des temps présents d'insuffisance démocratique, l'instauration de conseils à différentes échelles.

À l'échelle nationale :

– un conseil de l'Écologie, composé de scientifiques, de citoyens tirés au sort, de représentants de facto par des forts en gueule. La démocratie participative, faite pour retrouver une vitalité citoyenne, ne peut susciter spontanément des citoyens actifs et bien informés. Elle nécessite un temps d'enracinement et d'apprentissage. Son implantation revitalisera à la base, où fermentent tant de bonnes volontés sous-employées, l'esprit civique de communauté, de solidarité et de responsabilité.

L'écopolitique

♦ Le green deal

L'écopolitique, ou politique écologique, est devenue de première nécessité. Elle aurait pour principaux chantiers :

– l'élimination des sources d'énergie polluantes et leur remplacement par les sources d'énergie propres ;

– la dépollution des villes (piétonisations, généralisation des tramways, développement des écoquartiers) ;

– la revitalisation des sols, la dépollution des produits agricoles, la diminution progressive des élevages industrialisés, le développement de l'agriculture fermière et de l'agroécologie ;

de l'État, pourrait examiner et proposer de grandes réformes écologiques et sociales ;

— un conseil de l'Avenir, composé selon les mêmes principes, pourrait examiner les conséquences des découvertes et innovations scientifiques et, plus largement, élaborer des hypothèses prospectives ;

— un conseil des Âges pourrait examiner les conditions de vie de la jeunesse et celles de la vieillesse et formuler des propositions.

Aux échelles locales, nous pouvons tirer des leçons de diverses expériences comme celle de Porto Alegre (participation des citoyens de la ville à l'examen du budget municipal). Il est souhaitable d'instituer en France des conseils communaux de citoyens, qui tiendraient des débats publics sur des projets prêtant à controverse (autoroute, barrage, installation d'usine polluante, déforestation). Le conseil communal peut prendre la forme de jurys citoyens qui auditionnent élus et experts sur des projets d'intérêt ou de danger public.

La démocratie participative permet aussi de discuter au niveau local de problèmes d'intérêt national, voire planétaire. Mais elle comporte ses propres dangers, qui sont le risque d'absence des femmes, des vieux, des jeunes, des immigrés ; le risque de noyautage par un ou des partis politiques ; et le risque de leadership

Changer de voie

– une promotion de l'hygiène de vie et de la salubrité de l'alimentation ;

– le remplacement des matières polluantes inaltérables (comme le plastique) par des matières biodégradables ;

– le recyclage des déchets dans une économie devenant circulaire ;

– la séquestration ou destruction des déchets industriels toxiques ;

– le redéploiement du transport ferroviaire avec la réouverture de lignes régionales et la substitution du TGV à l'avion pour les déplacements de moins de 1 500 kilomètres ;

– la reconversion d'une partie des usines aéronautiques et automobiles en produits utiles au redéploiement ferroviaire.

Tout cela pourrait être entrepris à la fois par le quasi new deal de grands travaux qui relanceraient l'activité économique et l'emploi, par les développements d'une consommation éclairée et sélective, ainsi que par les nombreuses mesures réparties dans les autres sections de ce chapitre.

Changeons de voie

◆ Réforme de la pensée réformatrice

Nous avons dit qu'il fallait abandonner l'idée d'une révolution violente qui « ferait du passé table rase », renverserait une mauvaise société pour en instituer une bonne. Nous proposons une voie progressive, tracée par une nouvelle politique s'enracinant dans la culture humaniste du passé et la revitalisation des principes de la République : Liberté, Égalité, Fraternité. Cette complémentarité comporte des antagonismes qu'une pensée politique doit sans cesse gérer en donnant la primauté tantôt à l'un tantôt à un autre de ces termes. En effet, la Liberté seule tend à détruire l'Égalité, l'Égalité imposée tend à détruire la Liberté, la Fraternité peut seulement être stimulée par la Politique et elle dépend des citoyens. Mais elle contribue à l'Égalité et à la Liberté. L'union de ces trois termes fournit la base républicaine et démocratique pour une politique qui puiserait dans quatre sources postérieures :

– la source socialiste vouée à l'amélioration de la société par le développement des solidarités et le refus de la domination du profit ;

– la source libertaire, vouée à l'autonomie et à l'épanouissement de l'individu ;

– la source communiste, vouée à l'instauration de la fraternité dans les relations humaines ;

– la source écologique, dont l'importance apparue en 1970 doit irriguer toute politique.

La nouvelle pensée politique se devrait de régénérer et associer étroitement ces sources. Il ne peut y avoir de progrès sans retour aux sources.

La mégacrise que nous traversons a réveillé le besoin d'une nouvelle pensée politique.

Si Marx est exemplaire pour la recherche d'une pensée politique fondée de façon conjointe sur une théorie de la connaissance, une vision du monde, une conception de l'homme, une conception de l'histoire, une conception de la société et de l'économie, ce sont ces fondements qu'il faut repenser à la lumière des expériences scientifiques et historiques du XXe et du XXIe siècle.

Cette réforme de la pensée politique implique une réforme de la pensée elle-même ; comme nous l'avons vu dans les leçons du premier chapitre, les esprits obéissent inconsciemment à un principe de connaissance qui réduit le complexe au simple, le tout à ses composants et disjoint ce qui est inséparable ou relié par interactions (comme l'individuel et le social, le biologique et le culturel). La réforme de

Changeons de voie

la pensée doit donc s'accompagner d'une politique de rééducation de l'éducation[1].

Réformes de société

♦ Réduction des inégalités

Notre société souffre de croissantes inégalités. Celles-ci peuvent être réduites par la taxation des spéculations boursières, la fiscalité augmentée des hauts revenus (si l'évasion fiscale est lourdement pénalisée), le recours à l'impôt sur la fortune ou sur le patrimoine, ainsi que la baisse de l'impôt sur les bas revenus[2]. Les inégalités peuvent également être réduites par la revalorisation des métiers méprisés qui ont montré leur caractère essentiel pendant le confinement : éboueurs, manutentionnaires, infirmiers, caissiers, standardistes. Également par le rétablissement ou le renforcement des protections maladie, accident, chômage. Et aussi par une politique de grands travaux écologico-sociaux, telle que nous l'avons suggéré, qui

---

1. Edgar Morin, *Les Sept Savoirs nécessaires à l'éducation du futur*, *op.cit.* ; *La Tête bien faite*, Seuil, 1999 ; *Enseigner à vivre*, Actes Sud, 2014.
2. On ne peut éluder l'examen de l'idée d'un revenu universel de base.

Changer de voie

produiront des emplois. Enfin, les inégalités peuvent être réduites par une grande politique de solidarité.

♦ Politique de solidarité

La solidarité de l'État-providence, avec ses sécurités et assurances de tous ordres, est insuffisante, parce que anonyme et standardisée. Il y a un besoin de solidarité concrète et vécue, de personne à personne, de groupes à personne, de personne à groupes. Il y a en chacun et en tous un potentiel de solidarité[1], qui se révèle dans des circonstances exceptionnelles comme celles que nous venons de vivre, et il y a chez une minorité une pulsion altruiste permanente. Il ne s'agit donc pas de promulguer la solidarité, mais de libérer la force inemployée des bonnes volontés et de favoriser les actions de solidarité.

Nous avions suggéré à l'époque de François Mitterrand d'expérimenter des « maisons de

---

1. Selon notre conception de l'individu-sujet, tout sujet humain porte en lui deux quasi-logiciels. L'un est celui de l'auto-affirmation égocentrique qu'exprime le Moi-Je et qui est vitale pour se nourrir, se défendre, se développer ; l'autre est le logiciel du Nous qui inscrit le Je dans une relation d'amour ou de communauté au sein de sa famille, sa patrie, sa religion, son parti. Notre civilisation a surdéveloppé le premier logiciel et sous-développé le second. Mais celui-ci n'est qu'endormi et il s'agit de l'inciter à se réveiller.

solidarité », qui pourraient être généralisées dans villes et quartiers ; elles comporteraient un *Crisis Center,* centre d'urgence pour toutes détresses, et un corps d'agents solidaristes volontaires et professionnels, disponibles en permanence pour tous besoins autres que ceux pris en charge par le Samu ou Police secours. Dans cette logique, on pourrait accentuer la mission solidariste des polices municipales.

Nous étions (et demeurons) également partisan d'un service civique de solidarité mobilisant pour un an la classe d'âge de dix-huit ans, voué à secourir non seulement les détresses personnelles ou de famille, mais aussi les victimes de désastres ou de catastrophes humaines ou naturelles, y compris dans les pays voisins européens et nord-africains.

En même temps, la nouvelle Voie favoriserait l'économie sociale et solidaire, qui prolongerait sous de nouvelles formes l'économie mutualiste : elle soutiendrait les initiatives s'appuyant sur des solidarités locales ou, à l'inverse, suscitant ces solidarités ; formation de coopératives et d'associations sans but lucratif pour assurer des services sociaux de proximité.

Enfin, la solidarité envers les infortunés, les déshérités, les malheureux devrait aussi s'exercer à l'égard des migrants.

Changer de voie

Il y eut 270 millions de migrants dans le monde en 2019, dont 82 millions réfugiés en Europe, fuyant les conflits (Afghanistan, Moyen-Orient, Soudan), les famines, la misère. La population immigrée n'évince nullement les travailleurs autochtones, qui en général répugnent aux métiers bas et sales que les immigrés acceptent souvent dans des conditions d'exploitation éhontée (travail au noir, très bas salaires). Aujourd'hui en France, les sans-papiers sont indispensables à de nombreuses corporations comme la restauration.

De plus, les immigrés en France, intégrés concrètement en deux ou trois générations, ont donné consistance démographique à la nation et apporté une richesse de diversités culturelles.

Toutefois, la persistance des sentiments de supériorité racistes et xénophobes, les nouvelles angoisses venues des incertitudes croissantes et des difficultés économiques ont accru des craintes fantasmatiques, dont celle de perte d'identité nationale ou de « grand remplacement du peuple français par les hordes arabes[1] ». Alors que rien n'indique une

---

1. Il est certain qu'il y a un seuil de tolérance à ne pas dépasser chez une ethnie close, vivant dans la certitude absolue de ses croyances et de ses rites, pour l'installation d'étrangers sur

montée invasive, la crainte automystifiée d'un raz de marée entraîne les pouvoirs publics à des mesures cruelles de refoulement et d'expulsion. La France républicaine, qui jamais n'avait cédé à l'hystérie anti-immigration de l'extrême droite, perd sa figure hospitalière en pratiquant une politique du rejet.

Cette politique a déterminé expulsions, parcages en isolats, brutalités policières, indifférence générale vis-à-vis des vagues récentes de migrants d'Asie et d'Afrique, pour lesquels se dévouent seulement quelques organisations humanitaires. De surcroît, la crise du coronavirus a touché les sans-papiers et sans-abri avec une grande violence. Là aussi il s'agit de réveiller la solidarité humaine.

◆ Vérité sociologique de solidarité/responsabilité

Solidarité et responsabilité sont des nécessités clés d'une société dont les membres sont libres : plus les

---

son territoire. Mais, pour une nation moderne, vivant dans le polythéisme des valeurs, comportant esprit critique et scepticisme, entretenant un universalisme, on ne saurait concevoir un seuil de tolérance. Par contre, le réflexe anti-immigrés actuel tient non seulement aux angoisses accrues que j'ai évoquées, mais aussi au retard de la conscience qu'une France est multiculturelle par la variété ethnique de ses provinces, tout autant que par celle qu'apporte l'implantation d'Africains, d'Asiatiques, de Maghrébins.

Changer de voie

libertés s'accroissent, plus les contraintes qui imposent l'ordre diminuent, plus s'accroissent les désordres inséparables des libertés, plus s'accroît la complexité sociale. Mais l'extrême désordre devient destructeur et la complexité se dégrade en désintégration. La seule chose qui puisse protéger la liberté, à la fois de l'ordre qui impose et du désordre qui désintègre, est la présence constante dans l'esprit de ses membres de leur appartenance solidaire à une communauté et de se sentir responsable à l'égard de cette communauté. Ainsi donc l'éthique personnelle de responsabilité/solidarité des individus est aussi une éthique sociale qui entretient et développe une société de liberté.

Cette éthique (et les sources de toute éthique sont la solidarité et la responsabilité[1]) contribuerait à la ré-humanisation de la société ainsi qu'à la régénération du civisme, lequel est indissociable de la régénération démocratique.

---

1. Voir *La Méthode. Éthique* (tome VI), Seuil, 2005.

2. Une politique de civilisation

La civilisation occidentale comporte de façon complémentaire et antagoniste des caractères positifs et des caractères négatifs. La politique de civilisation se pratiquerait contre les caractères négatifs croissants de notre civilisation tout en en développant ses caractères positifs.

Les maux de notre civilisation

La conjonction des développements urbains, techniques, étatiques, industriels, capitalistes, individualistes ronge de l'intérieur la civilisation que cette même conjonction a produite et épanouie. De sorte que l'envers négatif des bienfaits dont nous continuons à jouir n'a cessé de s'amplifier.

Les maux dont souffre notre civilisation sont ceux qu'a fait effectivement apparaître l'envers de l'individualisation, de la technicisation, de la monétarisation, du capitalisme, du développement, du bien-être.

Comme nous l'avons vu, la conjonction de l'égocentrisme – qui réduit l'horizon à l'intérêt personnel et dissout l'intelligence de ce qui est global – et de la compartimentation dans le travail détermine l'affaiblissement du sens de la solidarité, lequel détermine l'affaiblissement du sens de la responsabilité.

La déresponsabilité favorise l'égocentrisme, lequel conduit à la démoralité (dégradation du sens moral). La déresponsabilité et la démoralité favorisent la propagation de l'irresponsabilité et de l'immoralité.

L'individualisation est à la fois cause et effet des autonomies, libertés et responsabilités personnelles, mais elle a pour envers la dégradation des anciennes solidarités[1], l'atomisation des personnes, l'affaiblissement du sens de la responsabilité envers autrui, l'égocentrisme.

---

1. La dissolution des solidarités traditionnelles n'a pas suscité pour autant la formation de nouvelles solidarités autres que bureaucratiques. Certes l'État assume de plus en plus des fonctions de solidarité, mais de façon anonyme, impersonnelle, tardive. Il est devenu, selon l'expression d'Octavio Paz, un « ogre philanthropique ». L'État assurantiel est de plus en plus indispensable et en même temps contribue à la dégradation des solidarités concrètes.

Changeons de voie

La machine humaine

La technique est ce qui permet aux humains d'asservir les énergies naturelles par les machines. Mais c'est aussi ce qui permet d'asservir les humains à la logique déterministe, mécaniste, spécialisée, chronométrée de la machine artificielle. La logique de la machine industrielle dans les entreprises, les bureaux, la vie urbaine, les loisirs impose des critères standardisés et impersonnels auxquels les convivialités résistent plus ou moins. La logique de la machine artificielle, qui a déjà supprimé les concierges, les gardiens de la paix, les préposés aux gares, aux trains, aux métros, aux péages d'autoroute, aux parkings, déjà aux caisses de certaines grandes surfaces, tend à faire de la vie sociale une gigantesque machine automatique, ce qu'accroîtra à l'extrême l'intelligence artificielle. L'envers du développement industriel, à la fois créateur de bien-être (pour les clients) et de mal-être (pour ses travailleurs), fait désormais peser deux menaces : l'une vient de la dégradation écologique des milieux de vie ; l'autre vient de la dégradation sociologique des qualités de vie.

Le développement des productions, des échanges, des communications a entraîné la marchandisation

Changer de voie

généralisée, y compris celle de la vieillesse dans les Ehpad et celle des malades dans les hôpitaux commercialisés, là où régnaient les entraides, les solidarités, les biens communs, la gratuité, détruisant ainsi de nombreux tissus de convivialité. Le marché privilégie en toutes occasions le calcul d'intérêt et désolidarise d'autant. L'envers de la monétarisation, c'est la nécessité de sommes croissantes d'argent pour seulement survivre, et le rétrécissement de la part du service gratuit, du don, c'est-à-dire de l'amitié et de la fraternité.

Les villages se désertifient, les terres se dégradent sous les effets de l'agriculture industrielle, qui produit aliments insipides et peu sains. La ville subit les ravages de l'anonymisation. Villes-bureaux et banlieues-dortoirs s'étendent. Les quartiers dépérissent, les grands ensembles anonymes se multiplient. Les cerbères remplacent les pipelettes. Le petit commerce de proximité disparaît lentement. Le surgelé, les grandes surfaces, le téléachat diminuent les occasions d'échanges dans les rues commerçantes et détruisent les relations de confiance entre fournisseurs et clients, ainsi que les menus propos et petits potins de quartier. À cela s'ajoute l'asphyxie par la circulation automobile, qui elle-même contribue à l'étouffement de la sociabilité, à l'irritation des esprits et des poumons.

Changeons de voie

Un mal-être diffus

Notre civilisation est aussi caractérisée, dans le continuel développement technique-économique-industriel, par la croissance ininterrompue des besoins, dont la croissance du besoin énergétique. Nous commençons seulement à prendre conscience que notre consommation comporte des gaspillages et dilapidations, et qu'elle détermine des dégradations. Les pollutions urbaines, le déficit en qualité de l'alimentation industrialisée, l'aliénation consumériste entraînent une dégradation de notre civilisation.

La chronométrisation et la mécanisation de la vie sont accrues par les rationalisations, qui appliquent la logique des machines à l'être humain.

Un mal-être intérieur parasite le bien-être extérieur. L'élévation du niveau de vie est détériorée par l'abaissement de la qualité de la vie.

Le mal-être général est diffus, intermittent, diversement vécu. Mais les révoltes de la jeunesse, puis les innombrables révoltes dans le monde et en France en 2018 et 2019 le révèlent sous une forme intensifiée.

D'où la nécessité d'une politique de civilisation qui ferait progresser les qualités inhérentes à la démocratie, aux autonomies individuelles, au bien vivre, et réduirait ces vices qui s'accroissent avec le déchaînement des forces du profit, la disparition des solidarités sous l'effet de la compartimentation généralisée et de l'aspect négatif de l'individualisme qui est l'égoïsme.

Pour la qualité de la vie

Les intoxications de civilisation, dont l'intoxication consumériste et l'addiction automobile, contribuent grandement à la dégradation écologique et, corrélativement, à la dégradation des conditions de vie. Une politique de civilisation comporterait une action persévérante contre les « intoxications » de civilisation, elle inciterait, contre les dilapidations, aux recyclages et aux réparations, elle rejetterait le jetable. L'abandon du consumérisme signifie non pas austérité mais tempérance, et la tempérance s'accommode des excès des fêtes, festins, anniversaires qui scandent d'intense poésie la prose de la vie quotidienne. Il s'agit de substituer à l'hégémonie de la quantité l'hégémonie de la qualité ; à l'obsession du plus, l'obsession du mieux.

Cette politique réformatrice nécessiterait certes des dépenses considérables : grands travaux urbains, lourds investissements sur les transports (ferroutage) et sur l'habitat. Ces dépenses non seulement seraient capables de relancer une activité économique en époque de chômage, et particulièrement après le chômage du confinement, mais elles généreraient à terme d'énormes économies de santé. La réduction massive, sous l'effet de ces réformes, des asthmes, bronchites, fatigues, maux en fait socio-psycho-somatiques, donc la réduction massive de la consommation d'antidépresseurs, drogues, somnifères, etc., ainsi que corrélativement le développement de la qualité de la vie entraîneraient une réduction continue du budget de la santé publique. Enfin, donner un sens politique à la qualité de la vie ouvrirait une espérance de lendemain meilleur.

La qualité de la vie se traduit par du bien-être dans le sens existentiel et non seulement matériel. Elle implique la qualité des relations avec autrui, et la poésie des participations affectives et affectueuses.

La « vraie vie »

Bien entendu, la politique ne peut créer le bonheur individuel. Il faut cesser de croire que le but de la politique soit le bonheur. Elle peut et doit

Changer de voie

éliminer les causes publiques de malheur (guerre, famine, persécutions). Elle ne peut créer le bonheur, mais elle peut favoriser et faciliter la possibilité pour chacun de vivre poétiquement[1], c'est-à-dire dans l'épanouissement et la communion.

La politique de civilisation nécessite la pleine conscience des besoins poétiques de l'être humain. Elle doit s'efforcer d'atténuer les contraintes, servitudes et solitudes, de s'opposer à l'envahissement gris de la prose de façon à permettre aux humains d'exprimer leurs aptitudes poétiques.

Une aspiration de plus en plus profonde à la « vraie vie » est suscitée et entretenue par le caractère individualiste de notre civilisation ; elle est en même temps inhibée par ses contraintes et elle est dérivée vers l'imaginaire et le loisir, en sorte qu'une économie d'évasion se met au service de la recherche d'une « vraie vie » : les clubs de rencontres, de loisirs, de vacances, les agences touristiques, les gîtes ruraux s'emploient à donner les conditions de cette autre vie. Toutes ces ambivalences,

---

1. L'état prosaïque et l'état poétique sont nos deux polarités, nécessaires l'une à l'autre : s'il n'y avait pas de prose, il n'y aurait pas de poésie. L'un nous met en situation utilitaire et fonctionnelle, et sa finalité est utilitaire et fonctionnelle. L'autre peut être lié à des finalités amoureuses, fraternitaires, mais il a aussi sa finalité propre en soi-même. Vivre poétiquement, c'est vivre pour vivre.

tous ces cocktails d'invitations à la vraie vie qui est poésie et de détournements de la vraie vie, tout cela tient à la fois de la diversion, du divertissement, de l'évasion, du ressourcement mythico-imaginaire, mais également tout cela permet de vivre des fragments, moments, expériences de vraie vie.

Finalement la politique de civilisation tend à favoriser l'essor des relations conviviales et aimantes dans une civilisation propice à la poésie de la vie, où le Je s'épanouit dans un Nous[1].

La politique de civilisation concourt à la politique écologique, qui concourt à la politique de civilisation. Elle concourt à la politique de l'humanité, qui concourt à la politique de civilisation. La politique de la nation concourt à la politique de l'humanité, qui concourt à la vitalité des nations. Toutes ces voies réformatrices, interactives et interproductives, pourraient ensemble se conjuguer pour constituer la Voie.

Nous pouvons maintenant reconnaître le sens de la politique de civilisation. Il s'agit de répondre aux

---

1. Michel Maffesoli a justement indiqué le besoin de communauté qu'il nomme tribalisme. Mais il pense à tort que ce tribalisme nie l'individualisme alors qu'il répond à un besoin d'épanouissement individuel.

dégradations et déshumanisations de la politique, de l'État, de la démocratie, de la société, de la civilisation, de la pensée, par une pensée et une action vouées à leur régénération et leur humanisation.

3. Une politique de l'humanité

La conscience d'appartenir à la communauté humaine

Une politique de l'humanité donnerait à chaque nation le sens de la communauté humaine. Elle requiert de chacune que son enseignement scolaire apporte à ses citoyens la conscience de leur appartenance à l'humanité (ce qui, du reste, préviendrait xénophobies et racismes).

Nous devons nous rappeler que le monde était en chacun de nous du matin au soir, non seulement par les informations, mais aussi par le café colombien, le thé chinois, les bananes, les oranges, les chemises de coton d'Égypte, les chaussettes en fil d'Écosse, le chandail de laine d'Australie, la voiture japonaise, la morue d'Islande, les crevettes de

Madagascar, le whisky écossais. Même nos tomates méditerranéennes et notre maïs d'Aquitaine sont venus du Mexique, comme nos pommes de terre locales furent d'abord péruviennes.

Or, nous sommes autant en ce monde qu'il est en nous et nous découvrons que ce monde est en crise.

Une politique de l'humanité comporterait le souci de sauvegarder indissolublement l'unité et la diversité humaine : le trésor de l'unité humaine est la diversité humaine, le trésor de la diversité humaine est l'unité humaine. Elle serait attentive à préserver les cultures menacées par l'homogénéisation et la standardisation.

Une politique de l'humanité ferait la symbiose entre ce qu'il y a de meilleur dans la civilisation occidentale et les apports extrêmement riches des autres civilisations ; dans ce sens, elle serait une politique de la nouvelle civilisation planétaire, englobant, non supprimant, les diverses civilisations.

La civilisation occidentale peut et doit propager ce qu'elle a de meilleur : la tradition humaniste, la pensée critique et la pensée autocritique, les principes démocratiques, les droits de l'homme et ceux de la femme. Elle doit aussi abandonner son arrogance. Les civilisations traditionnelles entretiennent une

Changer de voie

relation avec la nature, un sens de l'inclusion dans le cosmos, des liens sociaux communautaires qu'elles doivent conserver tout en introduisant en elles le meilleur de l'Occident.

La mondialisation devrait se réformer. Son caractère essentiellement techno-économique n'a pas seulement suscité par réaction des recroquevillements nationalistes, ethniques, religieux, il a créé une interdépendance généralisée mais sans nulle solidarité, ce qu'ont démontré pleinement les repliements sur eux-mêmes des États-nations à l'arrivée de l'épidémie.

Ici les trois principes que nous avons exposés plus haut dans la politique nationale trouvent leur ampleur planétaire : mondialisation/démondialisation, croissance/décroissance, développement/enveloppement.

Dans cette dernière conjugaison, il faut considérer que, en introduisant l'individualisme occidental dans les sociétés patriarcales, le développement introduit aussi des libertés, comme pour les jeunes générations le choix d'un conjoint ou d'un métier. Il introduit la modernité du capitalisme occidental dans l'autoritarisme patriarcal qui s'y symbiotise. Il a souvent soit ajouté, soit substitué le pouvoir de l'argent au pouvoir féodal. Il a surtout détruit les solidarités traditionnelles et les polycultures qui permettaient aux populations pauvres de survivre, en les prolétarisant dans les périphéries des grandes villes ou dans les bidonvilles. Il a libéré de la pauvreté une partie de ceux qui la subissaient, mais il a aussi souvent transformé la pauvreté en misère.

Aussi faut-il garder et amplifier du développement tout ce qui produit bien-être, santé, liberté et le lier à tout ce qui protège les communautés et les solidarités.

La politique de l'humanité, c'est aussi une politique humanitaire à l'échelle de la planète, qui devrait mobiliser non seulement les ressources matérielles, mais aussi les jeunesses des pays qu'on appelle développés, dans un service civique planétaire, qui remplacerait les services militaires, afin d'aider sur place les populations dans le besoin.

Une politique de l'humanité devrait apporter régulation au déchaînement techno-économique mondial, ce qui supposerait un pouvoir mondial de contrôle supérieur aux instances onusiennes actuelles.

Elle pourrait efficacement, par accord des nations, supprimer les paradis fiscaux et, par là, limiter à l'extrême les évasions fiscales. Elle pourrait de même éliminer le gigantesque pouvoir financier des mafias de la drogue, qui prospèrent dans leur trafic clandes-

Changer de voie

tin, en supprimant universellement sa prohibition, dans un libre accès analogue à celui du tabac et de l'alcool.

Elle pourrait envisager un contrôle sur les firmes multinationales, qui pourraient prendre une importance accrue après la crise.

Elle devrait avant tout œuvrer à arrêter les conflits en cours et, ce qui est corrélatif, arrêter la course aux armements. Elle devrait œuvrer pour la suppression des armes nucléaires. (Nous savons qu'il s'agit actuellement de vœux pieux. Mais peut-être le salut viendra-t-il au bord de l'abîme.)

Tout cela évidemment restera impossible s'il ne se produit soit une réforme de l'Onu, soit la fondation de nouvelles institutions de compétence mondiale dotées de pouvoirs exécutifs, ce qui nécessite au préalable la forte expansion de la conscience de la communauté de destin dans toute l'humanité.

Ne pourrait-on songer dans l'immédiat à la formation d'un Conseil mondial des consciences, constitué de personnalités laïques et religieuses, ayant chacune une autorité morale ou spirituelle et le souci primordial du destin de l'humanité ?

Changeons de voie

Protection et droits des migrants

Nous avons déjà indiqué qu'il y eut 270 millions de migrants en 2019, parmi ceux-ci 26 millions de réfugiés fuyant guerres et famines, d'autres fuyant dénuement et misère. Ajoutons qu'il y a une émigration des cerveaux (médecins, ingénieurs, diplômés), cerveaux africains en Europe et cerveaux européens en Amérique, au Royaume-Uni et au Canada.

Les immigrations les plus massives se font vers le Canada, l'Australie, l'Arabie saoudite (où elles fournissent 80 % de la main-d'œuvre) et dans les États pétroliers.

Il serait souhaitable que l'Onu puisse promulguer une déclaration du droit des migrants et inscrire au Tribunal international la possibilité de sanctionner toute violation de ces droits, dont la violence, l'enfermement concentrationnaire, l'expulsion sans garantie d'un accueil étranger.

Ne devrait-on pas accorder aux humains la libre circulation qu'on donne aux marchandises ? Ne serait-ce pas le seul moyen de faire disparaître les immondes mafias organisant le transport et le trépas des migrants ?

Changer de voie

Une instance spéciale de l'Onu examinerait le problème des migrations, notamment en prévision des éventuelles vagues futures que créeraient l'accroissement du réchauffement climatique, les perturbations multiples dues à l'aggravation des conditions de vie dans la pénurie d'eau, les inondations et la trop probable amplification des conflits actuels au Moyen-Orient et en Asie. Le réchauffement de la Sibérie et du Canada pourrait offrir des terres d'asile et de travail aux migrants chassés du Sud par ce même réchauffement, et rendrait ces terres fertiles et prospères – ce, évidemment, sans attenter aux droits des indigènes.

Protection des peuples premiers

Il subsiste sur tous les continents sauf l'Europe une myriade de peuples archaïques (le mot signifiant à la fois ancien et premier) englobés dans des nations modernes, chacun ayant sa forte identité, sa langue, ses mythes, ses croyances, organisés en sociétés de centaines d'individus. Les sociétés de chasseurs-cueilleurs sont les ultimes témoins de l'humanité première d'*Homo sapiens*, qui s'est diasporée sur le globe durant cinquante mille ans de préhistoire, et que les sociétés historiques, apparues il y a six à huit millénaires, dotées d'État, d'armée, d'agriculture, de villes, disposant de puissants moyens techniques, ont anéantie au cours de leur expansion.

Ce génocide, devenant planétaire, s'est accéléré et intensifié, et il ne reste, dans des montagnes reculées, dans des déserts, dans des forêts profondes, que des vestiges de cette humanité, que tout promet à la mort.

Ce sont donc des micronations, des petits peuples, des petites ethnies, dispersées, sans défense. Contrairement à la vision de Lévy-Bruhl, qui ne voyait en elles que pensée mystique et magique, infantile et irrationnelle, elles disposent d'une pensée rationnelle technique pratique, qui les rend capables de faire des arcs, des flèches, des sarbacanes, d'user de stratégies raffinées pour chasser leur gibier, de connaître les qualités et vertus des plantes pour leur alimentation ou leurs maladies. Comme chez nous, qui avons d'autres mythes, d'autres illusions, la pensée symbolique-mythique-magique ne se confond pas avec la pensée rationnelle-technique-pratique avec laquelle elle se combine.

Il y a chez ces peuples premiers une richesse inouïe de savoirs et savoir-faire que les ethnopharmacologues commencent seulement à explorer. Leurs chamans ou sorciers disposent de capacités

Changer de voie

psychiques que nous n'avons pu développer. Ces sociétés sont des modèles de solidarité communautaire. S'il n'y a pas d'individualisme à notre manière, chaque individu dispose du plein emploi de ses aptitudes sensorielles, la vue, l'ouïe, l'odorat, le toucher. L'homme et la femme y sont polycompétents. L'homme taille ses outils, fabrique ses armes et ses projectiles, sait trouver la trace du gibier, le traquer, l'abattre, construit sa maison, façonne les jouets pour ses enfants. La femme s'occupe des enfants, ramasse les végétaux pour l'alimentation, ou le fourrage, fait la cuisine, réalise poteries, tissus et bijoux.

Dans notre monde occidentalisé, le développement des techniques et celui des spécialisations ont atrophié nos aptitudes sensorielles et inhibé nos dispositions à la polycompétence, seulement retrouvées chez les bricoleurs.

Les énormes acquis de notre civilisation ne doivent pas nous faire ignorer les qualités de solidarité et de communauté perdues, ni occulter nos barbaries, qui poursuivent l'anéantissement culturel et physique de ceux qui sont analogues à nos plus anciens pères, mères, frères et sœurs.

Ceux qui sont arrachés à leur culture par la force se laissent mourir comme les Alakalufs de la Terre de Feu ou comme ce peuple amazonien dont les missionnaires ont détruit les objets sacrés et qu'ils ont contraint à s'habiller et à adorer une croix.

Les peuples indigènes survivants du Canada et des États-Unis ont pu, en se confédérant et en résistant, sauver au moins leur identité et une partie de leur culture. Les Amazoniens, en dépit de la loi qui reconnaît leurs territoires, sont depuis la nouvelle présidence brésilienne voués à l'extermination. D'autant que le coronavirus peut se propager très rapidement parmi les peuples premiers, qui ont peu de défenses immunologiques contre ce type de virus.

4. Une politique de la Terre

Politique mondiale de l'eau

Nous avons vu sur nos écrans que, durant les confinements, les eaux devenaient limpides, les brouillards de pollution se dissipaient, l'air devenait pur, les ruches se remplissaient davantage de miel, les animaux reprenaient leurs droits, la nature renaissait.

Cela nous confirme qu'on ne peut plus retourner au déchaînement techno-économique qui dégradait

Changer de voie

de plus en plus gravement la biosphère. Cela nous confirme la nécessité écologique et humaine d'éliminer à un rythme rapide toutes les énergies polluantes au profit des énergies éoliennes, solaires, marémotrices, géothermiques, et de réduire progressivement les sources et causes de pollution et toxicité urbaine, rurale, aquatique, maritime.

Une politique mondiale de l'eau doit être envisagée. L'usage massif de l'eau dans l'agriculture industrialisée, la pollution des nappes phréatiques par les déjections de l'élevage industrialisé, la pollution des rivières, fleuves, lacs, mers sous l'effet des ordures et déchets nocifs des villes et des industries, tout cela transforme le bien le plus courant en bien rare. La commercialisation de l'eau transforme le bien entre tous gratuit en bien payant. Les sécheresses endémiques et le réchauffement climatique font de l'eau un bien capital pour les nations. La rareté de l'eau dans des régions de tensions et conflits comme le Moyen-Orient en fait un bien géopolitique.

Changeons de voie

Politique mondiale des énergies propres et de traitement des déchets

Nous pouvons reprendre et généraliser à l'échelle de la planète nos propositions d'écopolitique énoncées dans le cadre national français. Cette gigantesque reconversion ne devrait pas frapper brutalement les États qui tirent leurs principales ressources du pétrole et elle devrait leur offrir les aides nécessaires pour y implanter les énergies solaires dans les zones sèches, les énergies hydrauliques dans les zones humides.

Chaque État national doit inciter les particuliers et les entreprises spécialisées à recycler les déchets, plutôt que de les détruire par incinération et surtout de les laisser polluer son territoire. Il devrait se dégager une politique mondiale d'assainissement des océans, mers et fleuves multinationaux, ainsi que d'assainissement des immenses étendues de terres polluées et stérilisées par l'agriculture industrielle.

Solidaires de la planète

Enfin, il est indispensable de reprendre et amplifier l'effort à peine amorcé après l'accord de Paris,

Changer de voie

par un accord général qui serait assumé par l'Onu autour d'une grande charte politique de la Terre, étant entendu que chaque État devrait assumer et appliquer cette politique sur son territoire. Il s'agit de laisser se reconstituer une biodiversité planétaire, animale, végétale et agricole (car c'est la diversité génétique du blé qui permet d'éviter les ravages d'une épidémie destructrice en laissant prospérer les plants résistants). Nous retrouvons ici les principes de la régression nécessaire de l'agriculture et de l'élevage industriels et de la progression nécessaire de l'agriculture fermière et de l'agroécologie.

La prise de conscience de la communauté du destin terrestre entre la Nature vivante et l'aventure humaine doit devenir un événement majeur de notre temps : nous devons nous sentir solidaires de cette planète où notre vie est liée à son existence ; nous devons non seulement l'aménager, mais aussi la ménager : nous devons reconnaître notre filiation biologique et notre filiation ontologique ; c'est le cordon ombilical qu'il faut renouer.

Nous vivons un paradoxe : plus la transformation est indispensable, plus elle est difficile. Cela veut dire qu'elle nécessite persévérance et courage.

5. Pour un humanisme régénéré

La complexité humaine

L'humanisme régénéré rejette l'humanisme de quasi-divinisation de l'homme, voué à conquérir et dominer la nature. Il reconnaît la complexité humaine, faite de contradictions. L'humanisme régénéré reconnaît notre animalité et notre lien ombilical avec la nature, mais il reconnaît notre spécificité spirituelle et culturelle. Il reconnaît notre fragilité, notre instabilité, nos délires, l'ignominie des tueries, tortures, esclavagismes, les lucidités et les aveuglements de la pensée, la sublimité des chefs-d'œuvre de tous les arts, les œuvres prodigieuses de la technique et les destructions opérées par les moyens de cette même technique. L'homme est à la fois *sapiens* et *demens, faber* et *mythologicus, economicus* et *ludens*, c'est-à-dire *Homo complexus*. Pascal l'a formulé de façon décisive : « Quelle chimère est-ce donc que l'homme ? Quelle nouveauté, quel monstre, quel chaos, quel sujet de contradiction, quel prodige ! Juge de toutes choses, imbécile ver de terre, dépositaire du vrai, cloaque d'incertitude et

Changer de voie

d'erreur : gloire et rebut de l'univers. Qui démêlera cet embrouillamini[1] ? »

L'humanisme régénéré, en reconnaissant *Homo complexus,* comprend qu'il faut sans cesse allier raison et passion, que l'affectivité humaine peut conduire à l'amour ou à la haine, au courage ou à la peur, que la raison seule et glacée est inhumaine, que la technique peut apporter le meilleur et le pire, que l'esprit humain ne cessera de produire des mythes dont il devient le serviteur, que la gratuité, le jeu, les passions font que, même dans notre civilisation où l'intérêt économique est hypertrophié, il ne règne pas totalement en maître.

Cela veut dire que tout art politique, comme tout espoir humaniste, doit tenir compte des ambiguïtés, instabilités et versatilités humaines.

Réforme personnelle et revitalisation éthique

Nous ne devons pas songer à transformer l'homme en être parfait ou quasi divin. Mais nous pouvons tenter de développer ce qu'il y a de meilleur en lui, c'est-à-dire sa faculté à être responsable et solidaire.

---

1. *In* « La double condition de l'homme », *Pensées, op.cit.*

Changeons de voie

Solidarité et responsabilité sont des impératifs non seulement politiques et sociaux, mais aussi personnels. Dès lors on devrait comprendre que la réforme de la société et la réforme de la personne sont inséparables. Gandhi a écrit : « Soyons le changement que nous voulons voir dans le monde. » Or beaucoup d'entre nous vivent dans une séparation totale entre les idées altruistes et les comportements égoïstes. Comment accéder à un monde de compréhension, de bienveillance, de solidarité, si l'on n'est pas soi-même compréhensif, bienveillant, solidaire ? Comment édifier un monde de relations humaines améliorées si l'on demeure égoïste, vaniteux, envieux, menteur ?

Nous pouvons dégager les impératifs de la réforme personnelle :

– connaître selon la connaissance complexe qui relie les savoirs pour concevoir les problèmes fondamentaux et globaux ;

– penser selon la raison sensible, qui effectue la dialectique permanente raison/passion ;

– agir selon l'impératif éthique premier de responsabilité/solidarité ;

– vivre selon le besoin poétique d'amour, de communion et d'enchantement esthétique.

Les buts de l'humanisme, en somme, doivent se réaliser en chacun.

Changer de voie

L'identité humaine : unité/diversité

Le premier caractère de l'humanisme a été formulé par Montaigne : « J'estime tous les hommes mes compatriotes[1]. » C'est la reconnaissance d'autrui dans sa pleine qualité humaine.

Ce principe de l'identité humaine commune n'avait pas été en fait universalisé. Les peuples colonisés, les exploités, les femmes étaient considérés comme sous-humains ou êtres infantiles n'ayant pas accédé au stade adulte. Nous devons faire de ce principe, aujourd'hui, un principe universel concret.

L'humanisme régénéré ne se borne pas à reconnaître l'unité humaine. Il lie l'unité à la diversité humaine. Tous les humains sont semblables génétiquement, anatomiquement, physiologiquement, affectivement, mentalement, mais ils sont en même temps tous différents génétiquement, anatomiquement, physiologiquement, affectivement, mentalement. Toutes les cultures sont dotées d'un langage à même structure (double articulation). Chacune a sa

---

1. *Essais,* 1580.

langue propre. Toutes les cultures ont des coutumes, des mœurs, des rites, des croyances, des musiques, des esthétiques, mais celles-ci sont particulières à chacune.

Le second caractère de l'humanisme régénéré est d'inciter à une dialectique permanente entre le Je et le Nous, à lier l'épanouissement personnel à l'intégration dans une communauté, à chercher les conditions pour qu'un Je puisse s'épanouir dans un Nous, et que le Nous puisse permettre au Je de s'épanouir.

La raison sensible

Le socle intellectuel de l'humanisme régénéré est la raison sensible et complexe.

Il nous faut renoncer à la réduction de la connaissance et de l'action au calcul et il nous faut répudier la raison glacée obéissant inconditionnellement à la logique du tiers exclu.

Non seulement il faut suivre l'axiome « pas de raison sans passion, pas de passion sans raison », mais notre raison doit toujours être sensible à tout ce qui affecte les humains.

Changer de voie

Plus encore : la raison sensible doit intégrer en elle l'amour. L'amour est la plus forte et la plus belle relation intersubjective connue. L'amour dans l'humanité déborde les relations entre individus, irrigue le monde des idées, donne sève à l'idée de vérité, laquelle n'est rien sans l'amour de la vérité ; il est le seul complément possible de la liberté, sans quoi la liberté devient destructrice. L'amour doit être introduit en relation indissoluble et complexe dans le principe de rationalité. Il doit constituer une composante de la rationalité complexe.

Réalisme et utopie

L'humanisme régénéré complexifie les notions de réalisme et d'utopie.

Il y a deux réalismes. Le premier est de croire que le réel présent est stable. Il ignore que le présent est toujours travaillé par des forces souterraines, à l'image de la vieille taupe dont parle Hegel, qui finalement disloque un sol qui semblait ferme. Ce réalisme croit intangibles l'ordre et l'organisation de la société et du monde où il se trouve. Comme le disait Bernard Groethuysen en évoquant le réalisme d'adaptation pure et simple : « Être réaliste, quelle utopie. »

Le vrai réalisme sait que le présent est un moment dans un devenir. Il essaie de détecter les signaux, toujours faibles au départ, qui annoncent des transformations. Ainsi, le réalisme politique des années 1930 aurait dû saisir les signaux qu'envoyaient les laboratoires de Fermi et de Joliot sur les possibilités d'utilisation de l'énergie de l'atome. Le réalisme de 1972 était de prendre en considération le signal qu'envoyait le rapport Meadows sur la dégradation de la biosphère et d'en tirer les conséquences. Le vrai réalisme d'aujourd'hui est non pas de retourner à l'apparente normalité antérieure, mais de réformer la politique, l'État, la civilisation.

Quand la société est en transformation, ce réalisme trivial ne veut ni ne peut envisager de transformer cette transformation. Le vrai réalisme, lui, essaie de concevoir les possibilités d'utiliser et de modifier les processus transformateurs du présent. Le vrai réalisme peut proposer des idées qui semblent utopiques aux réalistes officiels. Le vrai réalisme sait que l'improbable est possible, et que le plus important et fréquent est l'arrivée de l'inattendu dans le réel. Ainsi, le principe du retour à la souveraineté sanitaire, les enfreintes aux règles budgétaires jugées

Changer de voie

sacro-saintes : les dépenses jugées impossibles quand le monde hospitalier les réclamait durant tout le mois précédant l'épidémie se sont réalisées comme magiquement. Tout ce qui était proclamé irréalisable a été réalisé sans délai.

De même qu'il y a deux réalismes, il y a deux utopies. La « mauvaise » utopie est celle qui veut éliminer tous conflits et toutes perturbations et réaliser harmonie et perfection. Or rien n'est plus mortel que le parfait. La « bonne » utopie est irréalisable dans le présent, mais elle dispose des possibilités techniques ou pratiques de réalisation : ainsi, on pourrait instituer un ordre international qui établirait la paix sur terre entre les nations, on pourrait nourrir tous les habitants de la planète. C'est bien la bonne utopie qui aspire à une réforme de la mondialisation, à l'abandon du néolibéralisme ; au contrôle de l'hypercapitalisme.

L'utopie du meilleur des mondes doit faire place à l'espoir d'un monde meilleur. Comme toute grande crise, comme tout grand malheur collectif, notre crise planétaire réveille cet espoir. L'humanisme doit régénérer cette grande et permanente aspiration de l'humanité. Mais, même si celui-ci pouvait advenir, il ne serait pas irréversible. Nul acquis n'est irréversible, ni la démocratie ni les droits humains. Nulle conquête de civilisation n'est définitive. Ce qui ne se régénère pas dégénère. Aussi, le vrai réalisme est de régénération permanente. Trotski croyait en la révolution permanente ; nous devons pratiquer la régénération permanente.

Le véritable art du réalisme est stratégique et non programmateur. L'écologie de l'action[1] nous enseigne que toute action, dès qu'elle entre dans le milieu qu'elle doit modifier, peut être modifiée par ce milieu, détournée de son but et même aboutir au contraire de son intention. Combien de déclencheurs de guerre, sûrs de la victoire, n'ont-ils pas abouti au désastre ? Il en résulte que nous devons veiller avec une extrême vigilance à ce que nos actions ne soient pas détournées de leurs intentions par une réaction extrême et meurtrière, comme il est arrivé au printemps arabe et à tant de printemps assassinés.

Le réalisme considère à la fois le probable et l'improbable et prévoit la possibilité de l'imprévu. Il comporte une stratégie capable de se modifier selon les informations, les aléas et les contretemps subis en cours d'action.

---

1. Voir *La Méthode* (tome V), *op. cit.*

Changer de voie

Le véritable réalisme dépasse le mauvais réalisme et ignore la mauvaise utopie. Dès lors, renoncer au meilleur des mondes n'est pas renoncer à un monde meilleur.

L'humanisme portait en lui l'idée de progrès et était porté par elle. Le progrès, depuis Condorcet, était considéré comme Loi à laquelle obéit l'histoire humaine. Il semblait que raison, démocratie, progrès scientifique, progrès technique, progrès économique, progrès moral étaient inséparables. Cette croyance, née en Occident, s'y était maintenue et s'était même propagée dans le monde en dépit des terribles démentis apportés par les totalitarismes et les guerres mondiales du XXe siècle. En 1960, l'Ouest promettait un futur harmonieux, l'Est promettait un futur radieux. Ces deux futurs se sont effondrés peu avant la fin du XXe siècle, remplacés par incertitudes et angoisses, et la foi en le progrès doit non plus croire dans un futur promis, mais espérer dans un futur possible.

L'humanisme planétaire

L'humanisme régénéré est essentiellement un humanisme planétaire. L'humanisme antérieur portait en lui un universalisme potentiel. Mais il n'y avait pas cette interdépendance concrète entre tous les humains devenue communauté de destin, qu'a créée la mondialisation et qu'elle accroît sans cesse.

Comme l'humanité est désormais menacée, non seulement par de nouvelles épidémies, mais par la dégradation accélérée de la biosphère, la prolifération des armes nucléaires, le déchaînement de fanatismes et la multiplication de guerres civiles internationalisées, la vie de l'espèce humaine et, inséparablement, celle de la biosphère deviennent une valeur primaire, un impératif prioritaire.

Comme nous l'avons annoncé en introduction, la mégacrise provoquée par le coronavirus est le symptôme brutal d'une crise de la vie terrestre (écologique), d'une crise de l'humanité, qui est elle-même une crise de la modernité, une crise du développement technique, économique, industriel, une crise du paradigme maître qui a organisé et imposé toutes les forces désormais déchaînées dans une course à l'abîme.

Nous devons comprendre alors que, pour que l'humanité puisse survivre, elle doit se *métamorphoser*. Jaspers l'avait dit peu après la Seconde Guerre mondiale. Or aujourd'hui l'humanisme régénéré doit trouver les voies vers une métamorphose.

Changer de voie

Alors que la solidarité/responsabilité demeurait limitée à des communautés restreintes ou closes (famille, patrie), déjà l'humanisme d'un Montaigne et d'un Montesquieu leur donnait un sens universel. Mais cet universalisme n'a pu devenir concret qu'avec la communauté de destin planétaire. L'humanisme devenu planétaire demande donc que la solidarité/responsabilité, sans cesser de s'exercer dans les communautés existantes, soit amplifiée à la communauté de destin planétaire. S'il y a partout des réveils de solidarité nationale, il n'y a pas eu éveil d'une solidarité planétaire, à part quelques exceptions (médecins cubains, aide chinoise, coopérations internationales entre médecins et biologistes en dépit des obstacles).

Plus encore : l'humanisme doit prendre consciemment en charge la grande aspiration qui traverse toute l'histoire humaine, d'autant plus que les communautés tendent à étouffer les individus, que l'individualisme tend à désintégrer les communautés : épanouir sa personne au sein d'une communauté ; épanouir le Je dans l'épanouissement du Nous.

Changeons de voie

Terre-patrie : l'identité terrienne

Enfin la conscience planétaire arrive d'elle-même à l'idée de Terre-patrie : nous voici, humains minuscules, sur la minuscule pellicule de vie entourant la minuscule planète perdue dans le gigantesque univers. Cette planète est pourtant un monde, le nôtre. Cette planète est en même temps notre maison et notre jardin. Nous découvrons les secrets de notre arbre généalogique et de notre carte d'identité terrienne, qui nous font reconnaître notre matrie terrestre au moment où les sociétés éparses sur le globe sont devenues interdépendantes et où se joue collectivement le destin de l'humanité.

Répétons-le : la prise de conscience de la communauté de destin terrestre devrait être l'événement clé de notre siècle. C'est sans doute le message le plus fort de la crise de 2020. Nous sommes solidaires dans et de cette planète. Nous sommes des êtres anthropo-biophysiques, fils de la Terre. C'est notre Terre-patrie.

L'accomplissement de l'humanité en Humanité, la nouvelle communauté englobante de la Terre-patrie, la métamorphose de l'humanité sont les faces de la nouvelle aventure humaine possible. Certes l'accumulation des périls, la course

Changer de voie

du vaisseau spatial Terre, dont les moteurs sont les développements incontrôlés de la science, de la technique, de l'économie, rendent l'issue incertaine.

Certes il peut sembler impossible de changer de voie. Mais toutes les voies nouvelles qu'a connues l'histoire humaine ont été inattendues, filles de déviances qui ont pu s'enraciner, devenir tendances et forces historiques. Certes nous sommes emportés en somnambules dans un devenir dont nous sommes les jouets. Comme l'écrit Pascal : « Nous courons sans souci dans le précipice, après que nous avons mis quelque chose devant nous pour nous empêcher de le voir[1]. » Mais nous pouvons nous arracher à ce somnambulisme en en prenant conscience et en regardant au-delà du *hic et nunc*.

Tant de transformations semblent nécessaires simultanément, tant de réformes économiques, sociales, personnelles, éthiques s'imposent alors que tout régresse : ce constat pourrait conduire à la désespérance.

Mais un peu partout dans le monde, à la faveur de cette polycrise mondiale, apparaissent des myriades de germinations, ruissellent des myriades de petits

---

1. « Commencement », *Pensées, op.cit.*

courants, qui s'ils se joignent formeraient des ruisseaux, qui pourraient confluer en rivières, lesquelles pourraient confluer en un grand fleuve.

Là est une source d'espoir que nous pouvons fortifier par quatre principes d'espérance.

Principes d'espérance

Le premier est celui du surgissement de l'improbable. L'histoire nous enseigne que ce principe est permanent. Je me souviens dans quel état d'esprit nous étions en décembre 1942, j'avais vingt et un ans, au moment de la bataille de Stalingrad. Les forces nazies tenaient toute l'Europe, et au-delà presque toute la Russie d'Europe. Hitler avait même annoncé la prise de Stalingrad. Mais une résistance sans faille, désespérée, renversa le destin. Tout est possible face aux vents contraires, même si, pour reprendre Vassili Grossman, cette victoire de l'humanité fut en même temps sa plus grande défaite, puisque le totalitarisme stalinien en sortait vainqueur.

Le deuxième est principe de régénération. L'humanité possède en elle des vertus génératrices/régénératrices. De même qu'il existe dans tout organisme humain des cellules souches dotées des aptitudes polyvalentes propres aux cellules embryonnaires inactivées, de même il existe en tout être humain, en toute société humaine des vertus régénératrices à l'état dormant ou inhibé. Il s'agit de les exprimer et en ce sens toute crise actualise ces vertus. Et, dans la crise planétaire de l'humanité, des forces génératrices et créatrices s'éveillent en même temps que des forces régressives et désintégratrices.

Le troisième a été formulé par Hölderlin : « Là où croît le péril croît aussi ce qui sauve. » La chance suprême est inséparable du risque suprême.

Le quatrième est l'aspiration millénaire de l'humanité à une autre vie et un autre monde, que traduisent le paradis des religions, les utopies de Thomas Morus à Fourier, les idéologies libertaire/socialiste/communiste, sans oublier les aspirations des révoltes juvéniles de 1968. Cette aspiration renaît dans le grouillement des initiatives multiples et dispersées auxquelles nous assistons aujourd'hui et qui pourront nourrir les voies réformatrices, vouées à converger dans la Voie.

L'espoir n'est pas certitude, il porte la conscience des dangers et des menaces, mais il nous fait prendre parti et faire pari.

Conclusion

Être humaniste, ce n'est pas seulement penser que nous faisons partie de cette communauté de destin, que nous sommes tous humains tout en étant tous différents, ce n'est pas seulement vouloir échapper à la catastrophe et aspirer à un monde meilleur ; c'est aussi ressentir au plus profond de soi que chacun d'entre nous est un moment éphémère, une partie minuscule d'une aventure incroyable qui, tout en poursuivant l'aventure de la vie, effectue l'aventure hominisante commencée il y a sept millions d'années, avec une multiplicité d'espèces qui se sont succédé jusqu'à l'arrivée de l'*Homo sapiens*. À l'époque de Cro-Magnon et de ses magnifiques peintures rupestres, celui-ci a déjà le cerveau de Léonard de Vinci, de Pascal, d'Einstein, d'Hitler, de tous les grands artistes, philosophes et criminels, un cerveau en avance sur son esprit ; aujourd'hui encore

Changeons de voie

notre cerveau possède sans doute des capacités que nous sommes encore incapables d'utiliser.

Une première mondialisation a été la mondialisation de dispersion et de diversification culturelle, dans la diaspora humaine de myriades de petites sociétés de chasseurs-cueilleurs répandues sur le globe. À partir de ces microsociétés ont surgi en divers points de la planète des sociétés historiques, les empires de l'Antiquité – sumérien, indien, chinois, inca, aztèque. Cette histoire, avec ses grandeurs, ses crimes, ses esclavages, ses empires qui règnent et disparaissent, est elle-même une aventure formidable de créations et de destructions, de misères et de fortunes. L'Empire romain, qui semblait inaltérable et invulnérable, s'est effondré, ce qui est devenu un sujet de méditation dans les siècles qui ont suivi. Puis, après un grand reflux de civilisation, dans un petit bout d'Europe se sont élancés des conquistadors, et quelques petites nations, l'Espagne, le Portugal, la France puis surtout l'Angleterre, se mirent à dominer le monde ; enfin nous avons vu les événements bouleversants de la fin du siècle dernier, la décolonisation, l'implosion de l'Union soviétique, puis en ce début de siècle la nouvelle ascension irrésistible de la Chine. Nous vivons cette aventure incroyable, avec ses possibilités scientifiques à la fois les plus

Conclusion

merveilleuses et les plus terrifiantes. L'humanisme, à mon sens, ce n'est donc pas seulement le sentiment de communion humaine, de solidarité humaine, c'est aussi le sentiment d'être à l'intérieur de cette aventure inconnue et incroyable, et d'espérer qu'elle continue vers une métamorphose, d'où naîtrait un devenir nouveau.

Chacun est individu, sujet, c'est-à-dire presque tout pour lui-même et presque rien pour l'univers, fragment infime et infirme de l'anthroposphère ; mais quelque chose comme un instinct insère ce qu'il y a de plus intérieur à ma subjectivité dans cette anthroposphère, c'est-à-dire me lie au destin de l'humanité.

Au sein de cette aventure inconnue chacun fait partie d'un grand être avec les sept milliards d'autres humains, comme une cellule fait partie d'un corps parmi des centaines de milliards de cellules, mille fois plus de cellules chez un humain que d'êtres humains sur terre.

Chacun fait partie de cette aventure inouïe, au sein de l'aventure elle-même stupéfiante de l'univers. Elle porte en elle son ignorance, son inconnu, son mystère, sa folie dans sa raison, sa raison dans sa folie, son inconscience dans sa conscience, et chacun porte en lui l'ignorance, l'inconnu, le mys-

Changeons de voie

tère, la folie, la raison de l'aventure. Je participe à cet insondable, à cet inachèvement, à cet inconnu si fortement tissé de rêve, de douleur, de joie et d'incertitude, qui est en nous comme nous sommes en lui...

Je sais que, dans l'aventure du cosmos, l'humanité est de façon nouvelle sujet et objet de la relation inextricable entre d'une part ce qui unit (Éros) et d'autre part ce qui oppose (Polémos) ainsi que ce qui détruit (Thanatos). Le parti d'Éros est lui-même incertain, car il peut s'aveugler, et il demande de l'intelligence, encore de l'intelligence, comme de l'amour, encore de l'amour.

Remerciements

Nous remercions Dorothée Cunéo pour sa précieuse collaboration tout au long de la rédaction de l'ouvrage.

Table des matières

Préambule 7
Introduction 25

Chapitre 1. Les 15 leçons du coronavirus 29
  1. Leçon sur nos existences 29
  2. Leçon sur la condition humaine 30
  3. Leçon sur l'incertitude de nos vies 33
  4. Leçon sur notre rapport à la mort 34
  5. Leçon sur notre civilisation 36
  6. Leçon sur le réveil des solidarités 37
  7. Leçon sur l'inégalité sociale
dans le confinement 39
  8. Leçon sur la diversité des situations
et de la gestion de l'épidémie dans le monde 41
  9. Leçon sur la nature d'une crise 43

10. Leçon sur la science et sur la médecine	45
11. Une crise de l'intelligence	48
12. Leçon sur les carences de pensée et d'action politique	51
13. Leçon sur les délocalisations et la dépendance nationale	55
14. Leçon sur la crise de l'Europe	57
15. Leçon sur la planète en crise	58
CHAPITRE 2. Les défis de l'après-corona	63
1. Le défi existentiel	64
2. Le défi de la crise politique	66
3. Le défi d'une mondialisation en crise	68
4. Le défi de la crise de la démocratie	69
5. Le défi du numérique	71
6. Le défi de la sauvegarde écologique	72
7. Le défi de la crise économique	73
8. Le défi des incertitudes	74
9. Le danger d'une grande régression	75
CHAPITRE 3. Changer de voie	81
1. Une politique de la nation	83
2. Une politique de civilisation	108

Table des matières

3. Une politique de l'humanité   117
4. Une politique de la Terre   126
5. Pour un humanisme régénéré   130

Conclusion   147
Remerciements   151

PRINCIPAUX OUVRAGES DU MÊME AUTEUR

LA MÉTHODE

La Nature de la nature (t. I), Seuil, 1977 ; coll. « Points Essais », 1981.

La Vie de la vie (t. II), Seuil, 1980 ; coll. « Points Essais », 1985.

La Connaissance de la connaissance (t. III), Seuil, 1986 ; coll. « Points Essais », 1992.

Les Idées (t. IV), Seuil, 1991 ; coll. « Points Essais », 1995.

L'Humanité de l'humanité. L'identité humaine (t. V), Seuil, 2001 ; coll. « Points Essais », 2003.

Éthique (t. VI), Seuil, 2004 ; coll. « Points Essais », 2006.

COMPLEXUS

Science avec conscience, Fayard, 1982 ; Seuil, coll. « Points Sciences », 1990.

Sociologie, Fayard, 1984 ; édition remaniée et complétée, Seuil, coll. « Points Essais », 1994.

Introduction à la pensée complexe, ESF, 1990 ; Seuil, coll. « Points Essais », 2005.

Amour, poésie, sagesse, Seuil, 1997 ; coll. « Points », 1999.

Connaissance, ignorance, mystère, Fayard, 2017.

ANTHROPO-SOCIOLOGIE

L'Homme et la Mort, Seuil, 1951 ; coll. « Points », 1977.

Le Cinéma ou l'Homme imaginaire, Minuit, 1956 ; coll. « Arguments », 1978.

Le Paradigme perdu : la nature humaine, Seuil, 1973 ; coll. « Points Sciences humaines », 1979.

NOTRE TEMPS

Les Stars, Seuil, 1957 ; coll. « Points Civilisation », 1972.

L'Esprit du temps, Grasset, 1962 ; Le Livre de Poche, coll. « Biblio essais », 1983.

Commune en France : la métamorphose de Plodémet, Fayard, 1967 ; Le Livre de Poche, coll. « Biblio essais », 1984.

Mai 68, la brèche (en collaboration avec Cornelius Castoriadis et Claude Lefort), Fayard, 1968 ; nouvelle édition suivie de *Vingt ans après*, Éditions Complexe, 1988.

La Rumeur d'Orléans, Seuil, 1969 ; édition complétée avec *La Rumeur d'Amiens,* Seuil, 1973 ; coll. « Points », 1982.

Pour sortir du XXe siècle, Nathan, 1981 ; Seuil, coll. « Points Anthropologie », 1984.

De la nature de l'URSS, Fayard, 1983.

Penser l'Europe, Gallimard, 1987 ; nouvelle édition complétée, Folio, 1990.

Terre-Patrie (en collaboration avec Anne-Brigitte Kern), Seuil, 1993 ; coll. « Points », 1996.

POLITIQUE

Politique de civilisation, Arléa, 1997.

La Voie, Fayard, 2011.

Le Chemin de l'espérance (avec Stéphane Hessel), Fayard, 2011.

ENSEIGNEMENT

La Tête bien faite, Seuil, 1999.

Le Défi du XXIe siècle : relier les connaissances, Seuil, 1999.

Les Sept Savoirs nécessaires à l'éducation du futur, Unesco-Le Seuil, 2000.

Enseigner à vivre, Actes Sud, 2014.

VIE ET DESTIN

Autocritique, Julliard, 1959 ; Seuil, 1991, nouvelle édition, 1994.

Le Vif du sujet, Seuil, 1969 ; coll. « Points Essais », 1982.

Journal de Californie, Seuil, 1970 ; coll. « Points Essais », 1983.

Vidal et les siens (en collaboration avec Véronique Grappe-Nahoum et Haïm Vidal Sephiha), Seuil, 1989 ; coll. « Points », 1996.

Mes démons, Stock, 1994 ; Seuil, coll. « Points », 1998.

Mon chemin, Fayard, 2008 ; Seuil, coll. « Points Essais », 2011.

Les souvenirs viennent à ma rencontre, Fayard, 2019.

Composition et mise en pages
Nord Compo à Villeneuve-d'Ascq

N° d'édition : L.01EHQN001178.N001
Dépôt légal : août 2021
Imprimé en Espagne par Novoprint (Barcelone)